Focused Observations:
How to Observe Young Children for Assessment and Curriculum Planning

Second Edition

聚焦式观察：

儿童观察、评价与课程设计

[美] 盖伊·格朗兰德（Gaye Gronlund） 玛琳·詹姆斯（Marlyn James）/ 著

梁慧娟 / 译

教育科学出版社

·北京·

译者序

儿童观察与评价是近20年来我国学前教育政策、理论研究和实践探索共同关注的焦点问题。在政策层面，国家通过《幼儿园工作规程》《幼儿园教育指导纲要（试行）》和《幼儿园教师专业标准（试行）》，多次强调有效的观察是教师的必备专业能力和首要职责，是了解儿童行为表现及发展变化、设计与实施幼儿园课程的重要依据。在理论研究层面，对观察的关注与探究既遵循政策倡导，又具有前瞻性。自21世纪初"评价为教学服务"的思想引进我国至今，对与儿童观察与评价密切相关的动态评价、多元智能评价、高瞻课程（High/Scope）的儿童发展评价（COR）、瑞吉欧儿童观察式评价、搭建桥梁（Bridging）、学习故事等评价模式及工具的介绍与评析成果颇丰，在儿童观察与评价的模式、路径、方法等方面形成了将其应用于我国学前教育实践的基本认识。在实践层面，各地幼儿园对各种儿童观察技术一直抱有高涨的热情和浓厚的兴趣，任何一种被政府倡导或学术界推崇的观察技术在幼儿园都不乏拥趸者。三方的共同愿景是，期望教师将视线从自身的教转向儿童正在发生的主动学习上，发现满怀学习渴望、具有无限潜能且"能干"的儿童，以便为其早期学习与发展提供有效支持。

但令人惋惜的是，由于欠缺对先进的儿童观察技术进行本土适宜性的深刻反思，所以儿童观察与评价模式及工具的有益使用经验并未在实践中留下太明显的痕迹，实践效果也常常差强人意：为了观察而观察；频繁更换观察

2 聚焦式观察：儿童观察、评价与课程设计

工具而不思考其对本园儿童及课程发展的适宜性；观察记录无法具体说明儿童的学习与发展表现，无法解释儿童个体发展的独特性，无法准确解读儿童学习与发展表现背后的发展需要，无法为儿童的学习与发展、幼儿园课程和教学改进提供有价值的信息等。不少幼儿园仍在努力寻找便捷又高效的观察工具，寄希望于通过它们进行短、平、快的儿童观察工作。然而，凡是与高质量的儿童学习与发展评价相联系的观察技术，都非常强调儿童学习与发展的真实性、情境性，都要求其必须与特定的儿童学习与发展任务相联系，这对教师因时、因人、因地制宜地运用观察技术提出了更高要求。

本书根据美国各州在儿童早期学习标准出台后制定的问责机制以及有关发展适宜性的最新图书内容进行修订。其特色主要体现在以下方面。

首先，在行为层面证实了高质量的儿童观察记录实施的可行性。儿童观察是一项对教师的创造性有较高要求的研究工作，而不只是幼儿园的一种事务性工作。创造性的发挥，需要教师有足够的时间去践行和思考。本书正是为广大"想要观察而没时间且不会观察"的教师而写，致力于"提供一套全面、易操作、有助于把观察记录付诸实施的切实可行的方案"。国内的大量调研发现，没有时间和精力做观察始终是一线教师面临的最大困难，它导致了"我们知道儿童观察重要，但是我们做不到"的状况出现，致使儿童观察无法真正发挥其帮助教师有效了解、评价和促进儿童发展的重要作用。本书针对儿童观察的时间与记录方式的选择给出了具体、详细的建议，帮助教师解决在与儿童相处的忙碌一天中如何有效地开展这两项工作，通过呈现作为亲历者的教师的观点和想法，说明高质量的儿童观察记录是可以在教师的日常工作中得以落实的。

其次，在儿童观察与儿童发展评价、课程设计之间建立联结。教育学视野中的儿童观察是一个既看又想的过程（肖湘宁、周亚君，2012）。如果仅仅将儿童观察视为一项单纯的技术性工作，割裂其与儿童发展评价、课程设计之间的联结，则无法获知有关儿童发展状况的动态信息，亦无法站在教育者的立场对其做出适宜、有效的回应。联结断裂现象的存在，可以说是近20年来我国儿童观察研究欣欣向荣而观察实践效果改观甚微的重要原因。对

此，本书尝试从三个方面建立联结。

一是在儿童观察与儿童发展评价工具之间建立联结。本书以综合性、融合性的视角解读儿童的行为表现。书中多处对观察记录的分析，都结合了当前国际儿童观察与评价主流工具所代表的核心思想，如高瞻课程儿童观察记录表、作品取样系统、儿童早期学习等级评定量表等，意在尽可能全面地对观察记录的儿童行为表现进行科学理解和准确解读。

二是在儿童观察与儿童早期学习标准之间建立联结。对儿童学习与发展行为表现所反映的发展需求、水平和特点等进行准确解读，即"读懂儿童"是儿童观察工作的难点和关键，也是影响儿童观察能否与具有针对性的课程设计之间建立有效联结的决定性因素。美国搭建桥梁强调对儿童在特定学习任务中的表现进行准确解读，以达成在儿童发展评价和课程、教学之间搭建桥梁的目的；新西兰学习故事强调儿童学习评价应该对学习故事所反映的儿童发展需求进行准确识别。本书则结合美国州一级的儿童早期学习标准，对观察记录的儿童行为表现做全面、深入的解读。这一做法对当前我国正在开展的以《3~6岁儿童学习与发展指南》为参照来观察、解读儿童行为的实践探索具有重要的借鉴意义。

三是在儿童观察与幼儿园课程设计之间建立联结。本书强调，基于儿童观察记录的课程设计过程是评价与课程共生共长的过程，这一过程是循环往复、不断向前的。对此，在基于观察记录所获得的儿童发展信息进行有效的幼儿园课程设计方面，本书给出了全面、具体的操作性建议，从对儿童文化背景的反思入手，深入探讨如何根据观察结果为个别儿童和群体儿童制订课程计划，以达成促进儿童持续发展的目的。

再次，将儿童观察视为一项系统性技术进行全面阐述。工欲善其事，必先利其器。如何运用科学的观察技术来做好儿童观察工作？一直以来，对国外优秀的儿童观察技术的借鉴与思考是我国儿童观察研究领域的热点。研究者们从国外优秀的儿童观察技术及其实践中提炼了诸多有益经验，在国内实践中加以应用并积极反思。这些及时有益的探索为提升我国教师的儿童观察技术、有效评价儿童发展水平以及设计有针对性的课程都具有借鉴作用。与此同时，我们也不得不承认，对于某项观察技术精细而深入的研究虽有助于揭示儿童观察的某些真相，但却无法获得对儿童观察的全貌性认识。本书结合多则翔实的儿童观察记录和多名教师开展儿童观察工作的亲身体验，对为什么观察儿童、怎样做好观察记录、怎样利用观察结果评价儿童发展和设计课程、怎样与家长分享观察记录和评价信息、怎样以观察为基础为每名儿童建立儿童成长档案、教师作为观察者如何实现自身的专业成长等进行了全面系统、深入浅出的阐释，为我们勾画出一幅如何做好儿童观察以有效评价儿童发展和设计课程的完整图景。因此，无论教师选择从哪里开始，我们都希望教师最后能够完整地阅读本书，系统了解儿童观察、评价与课程的关系。

最后，强调通过反复练习和持续反思，将观察技术"为我所用"。用好儿童观察技术这把"利器"，有助于深入了解每名儿童，能够有效把握其发展变化的轨迹并为之设计个性化课程。欲达此目的，必须持续不断地练习，从而使先进的观察技术为我所用，帮助我们找到打开儿童世界的正确方式，进而通过适宜的课程和有效的教学创造"适合儿童生长的世界"。正如作者曾提到的，"儿童观察记录并没有一个对的时间，也没有一个完美的方法……要成功地找到最适宜的记录方式，必须通过不断的试验，然后反思，以获知哪一种记录方式对自己来说是最有效的"。同时，反复练习和持续反思有助于将凝结着教师作为观察者的个性特点、教育和文化背景、具有个性化生活经验的观察风格逐渐固化下来，以促进观察者实现自身的专业成长。

没有思想的技术不可能走得太远，也很快会被新技术所取代。表面上，本书与绝大多数有关儿童观察和评价的著作并无二致，但深究其背后的指导思想则会发现，每一项观察技术的运用、每一种评价工具的甄选，都是在特定评价思想和课程设计思想的指引下完成的，从而为在儿童观察与儿童发展评价、课程设计之间建立联结奠定思想基础。

教育者要发现每一名儿童的力量，激发每一名儿童的"原力觉醒"。要从根本上改变"有教无学"的积弊，就必须将视角重新转向儿童，关注并研究儿童，观察记录儿童的行为表现以及发展变化，准确解读其行为背后的"深义"，进而在幼儿园课程和教学领域提供有针对性的引导和支持。窃以为,也许这才是很多幼儿园追求的园本课程特色的生长点,也是有中国特色的幼儿园课程的生长点。

回到本文最初提到的共同愿景上,对该书的理解与运用仍须我们在领会其思想精髓、掌握其技术要义的基础上对其本土适用性进行深刻反思,充分发挥我们的实践智慧,持续不断地进行实践和反思,使其为我们所用。

全书由本人翻译完成并进行统稿。和本书的作者们一样,衷心希望在听到有教师抱怨"没有时间观察"时,作为践行者的你能够以一个专业儿童观察者的角色回答:"是的,儿童观察记录是艰苦的,但却是值得做的!我会花时间在这上面,因为我很清楚,自己通过观察记录是可以非常清楚地了解儿童的!"

是为译者序。

梁慧娟
2017年5月于天津

将我全部的爱献给布鲁斯（Bruce）。

——盖伊·格朗兰德

感谢我的丈夫查克（Chuck）。他给予我无条件的支持和帮助。怀念我的父亲。感谢他曾经给予我的坚定信念，他总是问我"为什么"。

——玛琳·詹姆斯

感谢贝蒂·琼斯（Betty Jones）、莱拉·奥恩（Laila Aaen）和路易斯·德尔曼-斯帕克斯（Louise Derman-Sparks）。你们时刻激励着我们，让我们能够充分利用自己在工作中积累的经验，包括当学生的经验和当教师的经验。感谢你们每个人为帮助我们理解儿童早期保教行为所做出的努力。

——盖伊·格朗兰德、玛琳·詹姆斯

目 录

致　谢		1
前　言		1
第一章	为什么观察儿童？	1
第二章	怎样把观察记录与儿童早期学习标准以及问责联系起来？	19
第三章	怎样做好观察记录？	29
第四章	怎样能够保证观察记录的时间？	55
第五章	怎样通过观察记录评价儿童？	77
第六章	怎样与家长分享观察记录和评价信息？	107
第七章	怎样在课程设计中有效运用观察记录信息？	131
第八章	怎样建立儿童成长档案？	163
第九章	观察者怎样实现自身的专业成长？	179
附录1	可供反思的观察记录	185
附录2	各种表格	197
附录3	关于评价的参考资源	211
附录4	评价专用术语	215
参考文献		217

致 谢

感谢以下人员分享他们的观点。

安东·威尔斯（Anton Wells），幼儿教师，西北蒙大拿提前开端项目（Northwest Montana Head Start），卡里斯贝尔，美国蒙大拿州

艾普瑞·加西亚（April Garcia），特教教师，拉斯克鲁斯学校（Las Cruces Schools），拉斯克鲁斯，美国新墨西哥州

迪安娜·麦金（Deanna Mackin），专业工作者，美国蒙大拿州

戴安娜·兰姆（Diana Lamb），教师和管理者，小羊羔保育学校（Little Lamb Nursery School），美国印第安纳州、黎巴嫩

伊丽莎白·法伦（Elizabeth Fallon），工作人员，美国国家学前特殊教育教师认证委员会（National Board Certified Preschool Special Education）、拉斯克鲁斯学校，拉斯克鲁斯，美国新墨西哥州

约迪·马丁内斯（Jodi Martinez），幼儿教师，平等开端项目（Even Start）、阿尔伯克基公立学校（Albuquerque Public Schools）

约翰娜·肖布（Johanna Schaub）、达丽莎·戴维斯（Darlisa Davis）、罗宾·琼斯（Robin Jones），幼儿教师，埃普沃思工作日儿童事务部（Epworth Weekday Children's Ministries），印第安纳波利斯，美国印第安纳州

莉莲·卡诺斯（Lillian Canos），幼儿教师，阿尔伯克基公立学校

罗宾·桑帕加（Robin Sampaga），幼儿教师，阿尔伯克基公立学校

罗斯玛丽·尼利（Rosemary Neely），教师，平等开端项目、阿尔伯克基公立学校

佩吉·希曼（Peggy Seaman），"让噪声变美妙"家庭儿童保育中心（A Joyful Noise Family Child Care Home），哥伦比亚福尔斯，美国蒙大拿州

佩吉·沃德（Peggy Ward），婴儿教师，怀特菲什，美国蒙大拿州

瓦莱丽·布莱克（Valerie Black），特教教师，四条河特殊教育学区（Four Rivers Special Education District），杰克逊维尔，美国伊利诺伊州

美国新墨西哥州儿童发展与聚焦式成长档案项目（Child Development Focused Portfolios Project）的教师和儿童家长

印第安部族河谷社区学院（Flathead Valley Community College）早期教育项目的学生，卡利斯佩尔，美国蒙大拿州

凯拉·奥斯滕多尔夫（Kyra Ostendorf），编辑

前　言

教师是否说过这样的话？"我整天都在观察孩子，但我没有时间把观察到的东西写下来，因为这让我离开了孩子，而他们这时候正好需要我。"

这话听起来是不是很熟悉？在担任大学教师和咨询顾问期间，我们多次听到类似的言论。我们承认，这种感受是千真万确的。工作对教师的要求非常高，而教师的时间又非常有限。如果要求教师观察儿童并把观察的所见都记录下来，教师会很容易感到沮丧。

这是我们撰写本书的原因。我们希望能够从实践层面对如何观察儿童以最终评价他们的发展并设计课程做出解释。我们希望提供一套全面、易操作、有助于把观察记录付诸于实施的切实可行的方案。我们希望提供大量观察儿童的注意事项，以便教师进行回顾。我们希望提供观察记录的策略，以便教师能够在观察记录方面做得更好。我们的目的是帮助教师认识到观察记录的重要性，学会在与儿童相处的每一天中有效地进行工作。

在本版中，我们回应了早期教育领域发生的变化。自2005年该书第1版面世至今，早期教育领域发生了一系列变化。我们发现，早期教育领域受到越来越多的关注。很多教师感到，他们在承担促进儿童早期学习和发展方面面临越来越大的压力。美国很多州出台了儿童早期学习标准，并且为普及学前教育提供了支持。同时，最新的《学前教育中的发展适宜性实践》（*Developmentally Appropriate Practice in Early Childhood Programs*）已经出版，这为教师如何实施最佳的保教实践提出了更明确的建议。

我们坚信，尽管观察式评价在解释性和目的性方面仍需改进，但它仍然是适合教师采用的最佳评价方法。通过观察记录，教师能够对每名儿童有更深入的了解，能够有效地把握他们的发展变化轨迹，并为之设计个性化课程。我们在《学前教育中的发展适宜性实践》和其他专业类图书的建议中也找到了大量支持对儿童进行观察记录具有重要意义的相关论述。但是，在不同的早期教育机构中，对于教师应该如何运用这一评价方法的要求却各不相同。在本书中，我们提供了进行观察记录的多种方法，帮助教师的工作朝着有益于儿童发展及其儿童家庭建设的方向前进。丰富而有意义的记录方法，有助于教师发现和了解每名儿童的独特之处。我们为教师提供其与儿童家长分享信息的有效方式，这些方式的恰当运用有助于彼此建立良好的家园合作关系，从而为儿童发展提供进一步支持。我们呈现了许多正在运用观察记录方法的教师的观点，说明我们在观察记录方面提供的专业建议是可以在教师的日常工作中得以落实的。同时，我们也注意到那些为特殊儿童提供保教服务的教师在观察记录方面的需要。

根据我们从事教师工作的已有经验以及与美国各地教师共同工作的经历，我们认识到，一个好的观察者和记录者在促进儿童学习与发展方面会十分得心应手。从长远来看，其工作效果也会更加令人满意。通过观察，教师对儿童的了解会越来越深入。教师能够为儿童提供适宜的挑战和支持，能够预见问题并将其"扼杀"在"襁褓"中。看起来，教师的工作量会增加——事实上的确如此——但是最终，观察会让教师的工作变得得心应手。

我们为教师提供了若干方法，供其练习和改进观察记录的技能。教师可以尝试运用多种方法记录观察结果，可以通过观察儿童来运用自己学到的儿童发展知识。通过练习，教师会逐渐形成观察儿童的个体风格。没有任何两名观察者（记录者）的内容是完全一样的。每个人的观察记录都融入了自己的个性、教育和文化背景信息以及个人生活经验。

在本书中，我们将告诉教师如何去聚焦观察。此外，我们还会与教师分享如何去系统记录通过观察获得的儿童学习与发展信息。第一章主要论述为什么观察儿童对教师来说是如此重要以及通过观察，教师能够对儿童有什么样的了解。第二章主要分析儿童早期学习标准的影响以及在观察记录过程中需注意的解释性问题。第三章聚焦于如何做好儿童观察记录。第四章主要介绍教师在忙碌的日常工作中进行观察记录的有效、省时策略。接下来的两章首先聚焦于评价的过程，运用观察记录获得的信息评价每名儿童的发展（第五章）；其次聚焦于与家长分享评价儿童信息的方式，如儿童发展档案、有关儿童发展状况的概述性报告、研讨会分析报告（第六章）。以观察记录为基础进行课程设计是第七章关注的核心问题。第八章主要讨论如何为每名儿童建立儿童成长档案。第九章主要对作为儿童观察者和记录者的教师如何持续不断地实现专业成长提供建议。同时，为儿童的发展感到兴奋、庆祝他们取得的进步、欣赏他们现在的模样，也都是本书关注的内容。

　　本书各章都展示了一些儿童观察记录，以便教师能够经常进行回顾，从中获取有关儿童发展的更多信息，了解记录儿童发展的不同方法，做出相应的课程和教学决策。我们同时还分享了许多进行过儿童观察和记录工作的教师的观点。希望教师能够从中获得有关观察记录的实用技巧和有益建议。

　　每一章建议开展的内容为教师提供了在工作或家庭中进行观察练习的机会。将阅读本书的收获付诸实践，根据自身需要进行尝试，分析哪些技能是奏效的而哪些技能是不奏效的，反思自己从观察经验中学到了什么。这些观察经验来自于教师在日常生活中所做的各种观察。实践是最重要的！

　　每一章的最后都有观察练习的内容，包括：

- 反思
- 找到自己的观察风格

　　"反思"用来帮助教师思考回顾本章的内容并对这些内容做出分析，同时将其运用到儿童观察中。可以对反思中的问题做出书面回答，也可以把它们作为自己与他人研讨的起点。

　　"找到自己的观察风格"可以以连载日志的形式进行设计。我们希望教师将在观察中遇到的各种尝试和错误以个人日志的形式记录下来,发现自己在观察儿童方面存在的优势和不足。我们还希望,教师在读完本书后会对我们分享的一些观点有不同看法。

当下一次在听到有人说"我整天都在观察孩子,但我没有时间把观察到的东西写下来,因为这让我离开了孩子,而他们这时候正好需要我"时,我们希望教师能够这样回答:"是的,儿童观察记录是艰苦的,但却是值得做的!我会花时间在这上面,因为我很清楚,自己通过观察记录是可以非常清楚地了解儿童的!"

第一章

为什么观察儿童？

　　观察儿童是因为教师想更好地认识儿童，更加有效地适应他们的需要和个性发展特点。对儿童的了解越深入，照顾他们就越容易。如观察到两名儿童之间有发生冲突的苗头，教师可以从容地制止冲突的发生。如在帮助一名因无法将一套难度很大的智力玩具组装在一起正在沮丧的3岁儿童时，或在帮助一名刚开始学习爬行、想要用自己的方法去拿周围物品而又被卡住的9个月大的婴儿时，教师可以对他们进行观察，理解他们的感受和行为。通过观察，教师会清楚地知道儿童是如何应对自己与家人的分离的，并做好支持他们的有效准备。通过观察，教师了解每名儿童是怎样以独一无二的方式表现自己的创造性的，应该提供怎样的适宜材料支持其创造性的发挥。

　　观察展现了关于每名儿童全面、丰富的发展图景，以至于课程设计能够准确锁定儿童的具体能力。借助于观察而设计的活动，对于教师和儿童而言，都是适宜的，因为教师清楚地知道班上每名儿童的优势、不足、兴趣和爱好。教师会选择那些有助于儿童长远发展的活动材料和活动项目。同时，教师能够更充分地观察记录儿童表现，因为他们在活动中投入的时间更长。

2 聚焦式观察：儿童观察、评价与课程设计

观察是早期教育领域倡导的一种儿童发展评价方法。在相关论文和图书中，许多专业组织，如全美幼教协会（NAEYC）和全美州基础教育首席官员理事会（CCSSO）都指出了开展真实性评价的重要性，都强调了观察对于评价和设计课程的重要性（Copple & Bredekamp，2009）。

迪安娜（Deanna）："观察让我从不同角度看待儿童。它让我远离无知，真正了解儿童是什么样子的、他们有多少知识以及他们能够做什么。最重要的是，它让我了解了儿童在学习过程中的兴趣和爱好。观察已经成为儿童中心课程模式的基础。"

观察使教师成为一名更优秀的养育者。借助于观察，教师实施最佳的保教实践。透过这些实践，教师展示自身的专业化和对早期教育事业的热忱。

在对儿童实施保教的过程中，教师随时可以观察他们。如果你是一名正在照顾婴儿的父（母）亲，或是一名正在照顾侄子（女）的婶婶（叔叔），你会注意儿童的基本情绪状况，根据自己看到的和听到的内容做出回应。如果婴儿在微笑并轻声说话，你可以同样进行微笑并轻声回应他。可以确信的是，那一刻你不必做任何其他的事情。如果婴儿正在哭而且很烦躁，你可以试着用各种方法让他安静下来，包括换尿布、提供奶嘴、把他抱起来并轻声地跟他说话，或者把奶温热后喂给他。所有这些行为都是基于你对儿童发出的各种信号、线索、行为以及他表达需要的方式的观察。

在家里照顾儿童时，你同样可以这么做。你要仔细倾听儿童说了什么，观察他做了什么，然后确定一天的常规要怎样安排才最合理、怎样帮助他学习和成长、怎样帮助他获得自控力和独立性。通过观察，履行照顾职责的父母和其他家人能够和儿童建立起亲密的关系，对儿童的个性、气质和能力有深入的了解。

约翰娜（Johanna）："在观察儿童一段时间后，你会从中体验到乐趣，因为儿童让你认识到，这恰恰让自

不论是在儿童保育中心、家庭儿童保育中心、学前班还是在特殊教育机构从事保教工作，教师都可以自然地对儿童观察。观察不但帮助教师了解儿童的发展需要，而且有助于教师成长为一名对儿童而言十分有用的教师。当有儿童加入到自己

的班级时，教师应该计划一下要去怎样了解他。观察新来的儿童是如何与他的家人、机构中的成人和其他儿童互动的，以及他们是如何独处的，有助于教师了解儿童是谁以及他能够做什么。如果某名儿童已被确认是特殊儿童，那么教师通过观察可以更多地了解他的优势以及那些对他而言是属于学习困难的领域。观察引导教师制定后续措施，促进每名儿童的成长，帮助其逐步获得全面发展。

己真正了解了儿童想学什么。"

自发的观察或有计划的观察

对儿童的观察可以是自发的。有时候，教师会在事情发生的当下收集信息，并将这些信息整合到教师对每名儿童发展的思考中。在上述情况中，教师实实在在地与儿童在一起并沉浸在与他们的互动过程中，从而促进其全面发展。教师可以将一部分通过自发观察获得的信息记录下来，并在方便的时候（观察的当时或当天晚些时候）整理出来。许多教师表示，亲眼见证儿童在尝试新事物时用闪烁着的、明亮的双眼以及满脸的笑容告诉我们"我做到了！"，是非常让人开心的。对儿童报以微笑、给他们一个大大的拥抱并说声"祝贺你"，这样做是非常值得的。

教师可以有计划地进行观察记录。要真实地了解自己所带班级的儿童，找到促进其学习和发展的最佳方式，进行有计划的观察是非常必要的。有计划的观察使教师能够确保每名儿童的发展领域或日常经验都不会被遗漏。同样，在想要清楚地回忆起每名儿童能够做什么以及在不同的情境中他们分别会做什么时，记录——将观察所见写下来——是非常必要的。记录是对儿童学习和发展状况的持续性记载。当教师想了解每名儿童罗斯玛丽（Rosemary）："与儿童的家庭成员分享自己的观察记录，能够帮助他们认识到，儿童是一个独立的个体。我也是这么看待每一位儿童家长的。家长们会认为自己花了很长时间去了解他们的孩子和家庭。"

的表现时，教师可以随时查阅。在必要时，观察记录可作为教师和儿童家长或其他专家进行分享和讨论的依据。观察记录还可以作为教师向儿童家长解释自己是如何帮助儿童学习和成长的一种方式，从而让他们对自己的课程有更多的了解。家长会告诉我们，当教师和他们分享了儿童游戏的观察记录后，他们对儿童游戏的价值有了更深入的理解。教师会说，这些家长随后为自己后续工作的开展提供了更多支持。观察为儿童家长打开了一扇窗。透过这扇窗，他们看到了自己和其他家人所不了解的儿童世界，更全面地掌握了儿童在家庭以外获得的经验。

运用观察信息的两种方式

通过观察儿童，教师获得了大量的信息。利用这些信息的方式主要有两种：为评价儿童服务和为设计课程服务。两者往往复杂地交织在一起。观察让教师更多地去了解儿童是谁、儿童能够做什么，以至于可以更有效地设计活动、选择材料、提供指导、鼓励儿童与同伴互动，这些都促进了儿童的成长和发展。当再次将活动开展、师幼互动、同伴互动的计划付诸实施时，教师仍需要观察儿童，了解计划是如何成功地满足了儿童学习和发展的需要，从而再次对计划做出评价。该过程也是持续进行的。

莉莲（Lillian）："儿童观察比其他类型的评价更为真实。在观察儿童时，教师是在自然、真实的情境中看到他们的发展。通过观察，教师可以知道儿童需要什么、儿童发展的哪些领域是需要特别关注的，从而基于这些发展需要去进行课程设计。"

为评价儿童而观察

评价儿童不同于测试儿童。评价需要收集儿童各方面能力发展的信息，并对这些信息做出评估。收集信息可以通过观察记录来实现。教师可以将自己看到的儿童正在做什么和听到的儿童正在说什么都记录下来，也可以收集儿童制作的作品或者他们玩游戏、参加各种活动的照片。教师还可以通过家访来收集信息。收集到的信息为接下来的评估提供了重要依据。通过评估这些依据，教师可以确定儿童的发展水平、优势、不足、个性品质和兴趣爱好。借助于以上这些综合性的评估，教师可以对儿童的进步和学习方式做出准确判断（CCSSO，2003）。

服务于评价的观察既可以通过自发的方式开展，也可以通过制订的周密记录计划来开展。如果是通过非正式的、自发的观察来评价儿童，教师就必须做好观察记录。如此，这些依据就不只是存在于教师的头脑中。教师必须将观察到的内容记录下来，否则教师或其他人就无法利用这些记载了儿童发展变化、进步、努力和教师尝试采取过的干预措施的任何记录。没有了观察记录，偏见就会不知不觉地产生，进而影响到教师所做的有关儿童发展的各种决定。我们不赞成将评价仅仅定义为一种内部的思考和判断过程。

在与正式、有计划、有记录的观察结合使用时，非正式观察对于评价而言才更有价值。借助于教师所见的事实和对儿童所说所做而做的书面记录，教师可以为每名儿童建立儿童成长档案。教师可以与他人分享这些内容，用它们来支撑自己对该名儿童发展状况研究所下的结论。正式、有计划、有记录的观察能够确保观察中没有一名儿童被遗漏、没有一个发展领域被忽略，进而提供适宜的后续指导策略。

在为了评估儿童的发展而进行观察时，教师要拓宽思路，努力理解儿童在最常见的、有深刻体验且有意义的游戏中展现出的认知发展阶段特点，或是去理解他在社会性、情感领域表现出的综合能力。或者，教师可以在那些展示儿童能力的活动中对他们进行观察。这些具体的观察信息与儿童早期学习标准或包含认知、身体动作、社会性、情感的且面向特定年龄儿童的儿童发展检核表相联系。以儿童早期学习标准和儿童发展检核表为依据来评估观察记录，可以将儿童表现与对该年龄段儿童学习与发展的合理期望进行比较。为观察收集到的信息选择可信度较好的解释依据，是评价至关重要的一部分。在第二章，我们将讨论在观察记录中参考儿童早期学习标准的方法。

6 聚焦式观察：儿童观察、评价与课程设计

罗宾（Robin）：
"我所有的教学都是建立在观察基础上的。借助于观察，我得以实施差异化教学。我知道每名儿童的优势，并基于这些优势选择适宜的教学策略，以促进儿童多方面能力的发展。"

在第五章，我们将深入讨论如何在儿童早期学习标准、儿童发展检核表以及其他可利用资源的指导下从评价的目的出发进行观察记录。

为课程设计而观察

观察和了解儿童发展能力的目的，不是出于问责或汇报方面的考虑，而是去设计课程，使之满足儿童的学习和发展需要。识别每名儿童目前的表现，为教师的教学提供起点。接下来，教师要采取的首要措施是确定什么样的材料与活动、什么样的成人和同伴互动方式是最有效的，使其既符合儿童当前的表现水平，又能够支持他向更高的水平发展。

为课程设计服务的观察可以是自发的、非正式的，也可以是有明确目标的、有计划的。在看到儿童需要不同的材料时，教师可以自然地做出回应。或者，当教师意识到橡皮泥桌子旁边需要更多的椅子时，教师能够立刻做出反应。当教师注意到一名婴儿开始焦躁不安时，教师将其从座位上抱起来，带他穿过活动室，让他看到其他儿童在做什么。这些都属于自发的课程决策。教师是在根据自己的所见做出回应，并在材料、环境或师幼互动方面进行调整。

有目的、有计划的观察通常需要教师确认在活动区内需要重点观察的空间。教师可能会看到活动区的部分场地难以被儿童有效利用，而其他区域又过分拥挤，所以为了改善活动区现状，活动区的空间需要重新安排。或者教师可能注意到班上的儿童对鱼缸里的金鱼特别感兴趣，所以去找到追随儿童兴趣的方法，从而对儿童做出积极回应并支持其行动，增进与其的沟通。有时候，教师需要和同事进行沟通，以确定谁负责观察某些具体的活动、谁负责关注儿童在活动中展

现出来的某些特定技能。为了观察儿童精细动作技能的表现，有些教学小组会预先制订计划，为儿童提供串珠、钉子和钉板，这样他们就可以在活动中收集与儿童精细动作技能发展相关的信息。

制定观察目的有助于为后续讨论和制定课程计划收集相关信息。进行记录则有助于教师更清晰地回想观察所见，根据活动变化做出更有效的教学决策。在第七章，我们会对如何利用观察记录为课程设计服务提供更深入的一些建议。

如果某名儿童被确认是有特殊需要的，教师可以通过对他的观察来调整教育活动，确保他也能够获得成功。教师了解个别化家庭服务计划（IFSP）或个别化教育项目（IEP）的目标，将儿童为达成这些目标而表现出的行为记录下来。观察记录不应被用于诊断某名儿童的特殊需要或决定如何安置他们，而应被用于改进教学策略和实施个别化教学。

通过观察儿童，教师能够知道什么？

不论观察记录是为评价服务还是为课程设计服务，教师都要对儿童有更多的了解。观察记录全面地展现了在了解儿童方面什么是最重要的。教师可以了解一名儿童的所有方面。

- 他们在所有领域的发展能力：社会性、情感、身体动作和认知
- 他们的个性品质
- 他们应对困难情境的态度和解决问题的方法
- 他们解释行为的能力
- 他们的深层次兴趣和爱好

帕姆（Pam）："这是我在幼儿园任教的第六个年头。因为我在一直密切观察着班上的孩子，所以我感觉自己比以前更了解他们了。他们做的每一件小事，我都会密切关注。"

- 他们正在建构的信息和知识
- 他们对于自身文化背景的表达

以下案例内容摘自观察记录，用来说明儿童发展的上述每个方面都是可以通过观察来了解的。我们认为，在多数情况下，观察让教师对儿童发展的多个方面有所了解。儿童向教师展现他们对什么感兴趣以及他们是如何应对困难的。接下来，我们聚焦于所列举的案例。在每则观察记录后，我们告诉教师可以如何去利用观察获得的信息评价儿童并进行相应的课程设计。

了解儿童的发展水平

观察儿童在一日生活、游戏和各种活动中的参与情况是收集儿童各方面能力发展信息的一种方法。想一下在幼儿园一日生活某个环节（如餐点时间）中所有可能被观察到的儿童发展领域。在活动中看到的儿童发展潜能是无限的。下面做个练习，一起分析关于安琪儿（Angel）的观察记录。此次观察只有4~5分钟的时间。阅读该记录时，教师要将观察涉及的儿童发展领域的行为表现——认知、身体动作、社会性和情感——都记录下来。

安琪儿（4岁10个月）

在餐点时间，安琪儿留了一把椅子，冲着她的朋友路易斯（Luis）说："你坐在这儿，挨着我。"她拿了三块薄脆饼干，一边往自己的餐巾纸上放，一边数："1、2、3。"接着，她用餐刀往每块饼干上涂抹花生酱。她喊了一声："请再来点儿果汁！"在和朋友聊天的时候，她说："我们农场里有鸡和山羊。山羊的叫声很大。它们的声音实在太大了，我不得不把耳朵捂上。"说着，安琪儿用两张餐巾纸捂上了自己的耳朵，她的朋友路易斯也这么做了，只不过他用的是饼干。两个孩子都笑了。

我们看到，安琪儿在活动中展现出下面这些能力。我们将它们重新组织起来，以对应儿童发展的各个领域。我们鼓励教师去寻找分析的其他角度。教师是否注意到，在这则简短的观察记录中，其实儿童发展的每个主要领域都涉及到了。

- 认知发展：能够用一一对应的方法从1点数到3；知道用餐巾纸捂住耳朵；能够用语言表达自己的想法和生活经验
- 身体动作发展：能够坐在桌边的椅子上；能够用餐刀涂抹花生酱
- 社会性发展：要求朋友坐在自己身边
- 情感发展：和朋友交谈并乐在其中

运用观察获得的信息为评价服务。 对安琪儿各方面能力的评价，意味着要把她的行为与教师对该年龄段儿童的发展状况的了解联系起来。借助于儿童早期学习标准、儿童发展检核表或其他信息资源，教师可以得出这样的结论——安琪儿在与朋友的社会互动中表现出了该年龄段儿童应有的社会性发展水平。她能够用语言表达，掌握了用餐刀涂抹花生酱的精细动作。教师可能还注意到，用一一对应的方法从1点数到3是年龄较小儿童的发展水平。儿童发展检核表也显示，3岁左右的儿童应该能点数更多数量的物品。

运用观察获得的信息为课程设计服务。 教师可能会认为，自己和同事需要从社会性、语言发展和身体动作发展这些角度为安琪儿提供支持。在认知发展方面，根据她表现出来的计数水平，教师可以开展一些具体的计数活动，以了解安琪儿是否能够点数更多数量的物品并在此过程中使用一一对应的方法。教师可以为她创设多种多样的机会，让她去玩一玩、数一数，如数一数活动室里有多少位小朋友、在蹦床上跳或在户外荡秋千时数一数跳（荡）了多少下。

10　聚焦式观察：儿童观察、评价与课程设计

了解儿童的个性品质

佩吉（Peggy）："通过观察儿童，我可以了解他们的性格和个人喜好。在观察时，我密切关注每名儿童能够做什么、他是怎么做的以及他在活动中表现出来的兴奋、喜悦、好奇或平静状况是什么样的，这使得我对于儿童是谁、儿童喜欢什么有更清楚的了解。"

在观察儿童时，教师会看到他们的个性品质表露无遗，了解到每名儿童在生活中扮演角色的方式。教师利用这些信息，将每名儿童整合到班级活动中。阅读下面关于卡珊卓拉（Kassandra）的观察记录，把获得的对她的个性品质的认识写下来。

卡珊卓拉（3岁11个月）

卡珊卓拉已经有好几天没来幼儿园了。这天，当她走进活动室时，她走到教师身边，说："嗨！我回来啦！您想我了吗？"教师回答："是啊，我当然想你了！很高兴看到你回来，我现在感觉好多了。"然后，卡珊卓拉走到她的同伴身边，说："嗨，我回来啦，而且没哭。咱们去玩儿吧！"

运用观察获得的信息为评价服务。可以看到，卡珊卓拉有着积极的自我意识。她表现出一个4岁左右儿童所具有的明显的自我中心倾向。同样明显的是，她对于教师和朋友肯定会关心她表现出很大的自信。她能够很好地用语言表达自己的想法。对照儿童发展检核表，教师会发现，卡珊卓拉在观察记录中展现出的各项技能都符合她所在年龄段儿童的发展水平。

运用观察获得的信息为课程设计服务。如果和卡珊卓拉待过一段时间，教师就会知道，以前她上幼儿园时会很难过、会大哭，尤其是在好几天没来幼儿园以后突然来园时。在观察记录中，教师发现，她正在调整自己，已经能够带着笑容而不是眼泪来到幼儿园。给她一个拥抱或者拍一拍她的后背，告诉她，教师是怎样关注她的成长并注意到她的自信

的，这些都能够使她在上幼儿园时和家人分开得更容易。离园时，教师可以告诉她的妈妈，卡珊卓拉在幼儿园的早上做了什么事情，这样她也能够为卡珊卓拉获得的进步感到高兴。如果以后有一天卡珊卓拉上幼儿园时又遇到了困难，教师可以跟她提起她在今天的表现或者请她把自己在今天的感受写或画下来，帮助她用另外的方式表达自己的情感。

了解儿童如何应对困难情境

在照看儿童时，教师会看到他们是如何应对一天当中遇到的各种困难的。对于他们来说，在集体情境中与人相处是一项艰苦的工作。而且，他们需要学习解决问题的各种技能。阅读下面关于科琳（Corlyn）的观察记录，然后把她在难过时寻求安慰的方法记录下来。

科琳（1岁3个月）

午饭后，科琳揉着眼睛开始哭。她走进自己的小房间，拿起装着尿不湿的提包。她在提包的侧兜里找到奶嘴，把它拿出来放进自己嘴里。然后，她在小床上找到了自己的毯子，躺在床上并把毯子盖在身上，开始睡觉。

运用观察获得的信息为评价服务。科琳独立找到奶嘴并安抚自己。她知道奶嘴放在哪里，也能够主动找到它。对照儿童发展检核表，教师会发现，她应对困难的技能已经超出同年龄段儿童的发展水平。

运用观察获得的信息为课程设计服务。预料到午饭后的时间是科琳的困难时间，所以教师为她提供奶嘴或绒毛玩具，以防止她哭闹。当她去拿自己的奶嘴时，教师用积极的话语鼓励她，同时给她一个拥抱，这也能够让她在午睡时由于得到成人的安慰而安静下来。

洞察儿童的行为

观察有助于洞察儿童的行为，不论其行为是积极的还是消极的。很多儿童都在非常努力地学习如何通过适宜的方式让自己的需求得到满足，就像下面的观察记录中提到的安森（Ansen）一样。但是，他们也经常会受到挫败，也会选择通过打人或其他身体接触的方式来与人沟通。他们也需要成人的帮助，以便掌握与其他儿童协商的方式。阅读下面关于安森的观察记录，然后把自己对他的行为的认识和理解记录下来。

安森（4岁10个月）

安森想玩吊杠，可是另一个孩子正在吊杠上倒挂着。安森问："你什么时候能玩完？我已经等了很久了。"那个孩子没有回答。安森又等了几分钟，然后举起了拳头。一名教师走过来，问他为什么要举起拳头。安森答："应该轮到我玩了，可克里斯滕（Kristen）就是不下来，他还朝我吐舌头。""有没有更好的办法能尽快轮到你玩呢？"教师问。安森说："我和他说了，可他不听。他就想自己一直玩。"教师请克里斯滕听安森说。安森说："等你玩完，我想应该轮到我玩了。我不会打你，但是你要听我说。"教师跟两个孩子都谈过以后，他们继续在吊杠上玩。

运用观察获得的信息为评价服务。在受到挫折时，安森并没有很好地控制住自己的情绪，而是向另一个孩子举起了拳头。但是，他能够用语言表达自己的想法，并且在教师的指导下与另一个孩子进行对话，成功地解决了问题。对照儿童发展检核表，在教师的帮助下解决冲突是这个年龄段儿童应有的发展水平。

运用观察获得的信息为课程设计服务。安森可能仍然需要教师随时介入，以阻止他伤害其他儿童，帮助他以更适宜的方式解决冲突。教师和同事可能会让某个人一直看着他，以便随时提供支持。当安森能够和平解决与他人的冲突时，教师要对他运用语言表达想法的做法予以肯定，如轻轻拍一拍他的后背或者跟他击掌。

了解儿童的深层次兴趣和爱好

观察有助于教师看到儿童的兴趣是什么。关注哪些活动区是儿童参与时间较多的、哪些材料是他们一选再选的，这些都有助于洞察儿童的兴趣和爱好。同时，注意儿童经常讨论的话题或者在游戏中出现的主题，可以使课程更加激发他们的学习兴趣，因为这些课程都是基于儿童的兴趣设计的。阅读下面关于达利斯（Darius）和贾斯汀（Justin）的观察记录，然后把自己计划为这两个孩子设计的后续活动记录下来。后续活动既包括室内活动，也包括室外活动，但都应该建立在他们的兴趣之上。

伊丽莎白（Elizabeth）："通过观察，我了解了儿童的优点和需要、喜欢的物品和不喜欢的物品，知道对他们来说什么是重要的以及他们是如何思考的。我还因此获得了关于每名儿童各方面能力发展的最原始评价信息。"

达利斯（4岁5个月），贾斯汀（4岁8个月）

在烹饪活动结束后，达利斯和贾斯汀去沙箱那里玩。达利斯对贾斯汀说："我们来做安东尼奥（Antonio）的妈妈经常做的那些事吧。请把糖递给我，要一茶杯的量。我们打一些鸡蛋，还需要牛奶、肉桂和一茶匙的盐。"他用铲子把沙子铲到量杯中，然后拿起量杯，将沙子倒入碗中。他又拿起一把勺子，盛了一些沙子，然后倒进碗里。随后，他把碗里的沙子倒在盘子里，告诉贾斯汀："好了，把它放到炉子上吧。"

运用观察获得的信息为评价服务。两个男孩在按部就班地进行着烹饪活动。这些来自于他们之前参加烹饪活动时获得的经验。用真实的物体进行游戏，体现了他们的抽象逻辑思维和假想能力的发展水平,这两种能力正是这个年龄段儿童最重要的认知能力。

运用观察获得的信息为课程设计服务。利用观察获得的信息为课程设计服务,可以采取这样一些做法,如请达利斯和贾斯汀帮助准备餐点、写简单食谱、为后续烹饪活动做计划、在户外用量杯和量勺取送沙子和水等。

了解儿童正在建构的信息和知识

儿童通过游戏和对游戏材料的运用,通常会告诉我们,什么信息和知识是他们正准备去获取的、哪些技能是他们正准备去运用的。阅读下面关于费尔南多(Fernando)的观察记录,确认他展现了哪些知识和技能。

费尔南多(3岁7个月)

在艺术桌旁画画时,费尔南多用了不同颜色的画笔。等他画完后,我请他告诉我,他的画里讲了什么。他指着黄色的大圆圈告诉我,那是一只个头很大的动物。然后他说:"这是紫色的,这是红色的。"接着,费尔南多拿起紫色的画笔,在画面的左下角写了一个字母"F"。他说:"'F'是费尔南多。"

运用观察获得的信息为评价服务。费尔南多画了一个圆,写了一个字母"F",显示出他已具备初步的读写和精细动作技能。根据儿童发展检核表得知,他的技能水平超出了他所在年龄段儿童应有的发展水平。同时,认识颜色也表明他的词汇量正在增加,说明他对概念的理解能力提高了。

运用观察获得的信息为课程设计服务。费尔南多可能会喜欢玩名片,这样他可以看到自己名字中的其他字母并尝试表征它们。为了进一步发展有助于书写的手部肌肉,教师可以为他创设更多的机会,如玩橡皮泥、串珠子、用小型拼插积木进行搭建、用不同的书写工具写画。提供机会让他进行不同颜色物体的匹配和标记,有助于增加他在颜色方面的词汇量。

了解儿童对于自身文化背景的表达

儿童的文化背景是通过他们在游戏中的表现和每天在日常生活中的活动体现出来的。有时候,教师和家长对于儿童饮食和如厕行为的看法是不尽相同的。不管这种差异是由文化、班级或者其他哪种因素导致的,为了促进儿童获得更好的发展,教师首先应该去理解这种差异。阅读下面关于裕太(Yuta)的观察记录,然后将教师的看法与儿童家长的期望之间存在的差异记录下来。

裕太(1岁8个月)

每天,裕太都坐在椅子上等着成人喂东西给他吃。食物放在他的盘子里,但是他不吃。只有成人喂他吃的时候,他才吃。

运用观察获得的信息为评价和课程设计服务。在这个案例中,教师认为他们需要掌握更多信息,理解裕太饮食行为发生的原因。下面是教师讲述的他们的团队为此所做过的事情:

"和裕太的家长沟通后,我们了解到,对于日本家庭来说,长期喂养孩子是他们典型的家庭教养行为,喂养会一直持续到孩子上小学为止。我们不得不修正自己的观点并接受这种行为,因为这是他的家庭文化的一部分。现在每天进餐时,我们都喂裕太吃饭。"

观察能够提供大量有关儿童发展的信息。教师可以决定怎样更好地利用这些信息以便成为一名更好的教师,同时更充分地去理解儿童的行为,掌握在儿童与他人交流时通过观察可以了解到的各种信息。

找到适合教师自己的观察风格

观察儿童是一个过程。这个过程会因教师的不同而存在差异，会因早期教育机构的环境不同而存在差异。找到自己在观察儿童方面独一无二的风格，搞清楚什么时候记录、怎样把记录进行组织和归档、怎样评价这些信息并把信息反馈给家长，因为这些是教师专业发展的重要组成部分。本书展示了许多教师观察儿童的案例。借助这些案例，教师可以找到适合自己的独一无二的观察风格，成功地运用到自己与儿童及其家长的合作中。

◆ ◆ ◆

下一章，我们将探讨根据儿童早期学习标准运用观察记录的方法。将两者有机结合的建议表明，教师只要注意到了对儿童早期学习与发展的合理期望，就可以支持儿童的成长和发展。

◆ ◆ ◆

反思

目的：反思观察儿童是怎样影响师幼关系的。

行动：回忆自己了解的某名儿童某个方面的发展经历。与他人讨论或者记录下自己对这些问题的思考。

- 哪些因素影响了自己对这名儿童的了解？
- 对儿童进行观察有助于自己对他的了解吗？自己是在什么样的情境下观察他的？
- 当自己对儿童更加了解后，你们之间的关系发生了怎样的变化？
- 对儿童的了解有助于增进自己对他的学习动机的理解吗？

找到自己的观察风格

目的:分析观察记录,发现自己已经知道了什么,还想要了解什么。

行动:着手写一个连载性质的观察日志,把自己对问题的回答记录下来。下面是一些可以帮助自己做记录的问题。花几分钟时间把自己对下面这些问题的回答记下来。

- 关于观察记录,自己已经知道和了解了什么?在工作和生活中,自己观察儿童吗?自己如何看待从观察儿童中学到的东西?
- 促使自己观察记录儿童所做所说的原因有哪些?
- 关于观察记录的原因,自己已经知道的有哪些?自己还想了解些什么?
- 为什么记录是观察儿童的重要组成部分?

第二章

怎样把观察记录与儿童早期学习标准以及问责联系起来？

近十年来，早期教育领域发生了重大变化。早期教育在塑造儿童未来发展方向上扮演着越来越重要的角色，这已被政策制定者和公众所认识。研究者一直在对儿童的脑发展和学习能力进行研究。结果表明，儿童在人生早期的各项技能的发展和概念的获得会使其终身受益。同时，我们也知道，成人能够影响儿童的学习和发展（NAEYC，2009）。

同时，美国从国家到地方均制定了针对婴儿至学前班阶段儿童的儿童早期学习标准①。从国家层面看，美国政府于2010年颁布了《提前开端儿童发展和学习框架》（Head Start Child Development and Learning Framework）。从地方层面看，美国50个州已完成了针对幼儿的儿童早期学习标准的编制，绝大多数州完成或正在编制针对婴儿和学步儿的学习标准。

这些政策文件为教育者提供了一套关于不同年龄段儿童典型发展表现的清晰标准。在以前出版的《早期学习标准和教师专业发展：面对挑战的最好

---

① 美国在制定儿童早期学习标准时，以前使用的英文词汇是"standards"，但是现在很多州在政策文本中使用的英文词汇是"guideline"。——译者注

实践》(*Early Learning Standards and Staff Development*: *Best Practices in the Face of Change*)和《早期学习标准的灵活使用：将自己的课程实践与政府标准相联系》(*Make Early Learning Standards Come Alive*: *Connecting Your Practice and Curriculum to the State Guide lines*)两本书中，我们对美国各州的儿童早期学习标准进行过评论。我们还曾全程参与了美国新墨西哥州和蒙大拿州儿童早期学习标准的研制工作。现在，我们认为，美国各州的儿童早期学习标准都包括了对儿童的合理期望，具体包括以下内容。

- 对其指向的儿童具有年龄适宜性
- 建立在有关儿童发展的最佳知识基础上
- 被有关发展适宜性的绝大多数研究成果证实

在这些儿童早期学习标准中，我们看不到那些绝对的"下放式"（push-down）期望，如儿童的语言运用水平如何或者3~4岁儿童发展的最优标准是什么。相反，我们看到的是由美国各州的教师撰写的对儿童早期学习与发展表现的合理期望。他们深刻理解符合儿童年龄发展水平的期望是什么。他们具有丰富的儿童发展知识。这是个好消息。

由于对儿童早期学习与成长状况的逐步了解以及儿童早期学习标准的深入研发，问责逐渐成为大家关注的焦点。教师被要求说明其是如何确保每名儿童都能够达到儿童早期学习标准提出的要求并让每名儿童有机会发挥自己的潜能的。政策制定者和投资者要求获得有关儿童学习与发展成就的相关数据，然后将这些数据与早期教育机构的质量相联系。他们想看到数据的统计结果。他们会问："纳税人的钱正在以怎样有益于儿童发展的正确方式使用？随着时间的流逝，这些投资是否能够提升教育的效果？"

但是，我们更关心的是，政策制定者、管理者和教师在什么时候会滥用儿童早期学习标准。根据我们的经验，难点是儿童早期学习标准的贯彻执行，而不是儿童早期学习标准本身。许多教师反映，在贯彻儿童早期学习标准的过程中，他们倍感压力，不确定怎样才能以刚好适宜儿童的方式去开展教学和评价工作。问责本身是好的。渴望为儿童提供高质量的保教服务，这也没有什么问题。但是，教师应该清楚自己所在的早期教育机构是否在影响本机构儿童的生活。一些错误的方法常被用于去判断儿童是怎样学习和成长的。同时，一些错误的方法也被用于去评估早期教育机构的质量。有时候，我们对儿童进行的简短、随机的评价或小型测验，其依据只是儿童在某个时间点的行为。在很长一段时间内，早期教育课程倾向于为测验而教，从而导致儿童的游戏和探究不再被认为是有价值的，教师引导的活动成为主导性活动。

观察与儿童早期学习标准相互联系

我们坚信，如果教师能够长期观察儿童的行为并做好观察记录，那么他将能收集到足够多的数据以证实机构教育的高质量并监测儿童的学习。然而，一些问责机制的要求并没有让教师认识到通过观察记录能够获得有关儿童学习与发展的知识。正如第一章提到的，通过观察，教师其实能够对儿童了解更多。也正如本章阐述的，在贯彻实施儿童早期学习标准并对高质量的教育结果负责任的同时，教师是有可能对儿童进行观察记录的。为了做到这一点，在儿童进行游戏、探究或参加活动时，教师需要对儿童进行长期、系统化的观察。借此方式，有关儿童早期学习标准的各种问责就会以对儿童发展最有益的方式做出回答。

莉莲："在对儿童进行观察时，我关心的是，儿童正处于发展的哪个阶段？这个阶段的儿童发展典型特征是什么？我还会考虑每名儿童的发展背景和已有经验，思考采取哪些方法为儿童的学习提供支架。"

适宜的评价及课程实施与儿童早期学习标准相互联系

我们会在一些早期教育机构看到，教师正以一种自然的方式进行正式评价，会在一日生活的各个环节和活动中观察儿童并把儿童的言行记录下来。收集到的信息不断累积，教师最终获得关于儿童发展的真实可靠的描述。《早期学习标准和教师专业发展：面对挑战的最好实践》一书表达的观点在今天看来，仍然是正确的。

> "我们坚信，对儿童早期学习标准的贯彻是能够被整合到早期教育机构中的，这样做并不需要以放弃那些在儿童活动中最愉快的部分——如自由游戏——为代价。在此过程中，教师会发现，每名儿童正在发展自己的技能和兴趣，教师同样有机会发展自身的专业技能和兴趣。"

在全美幼教协会2009年发布的一份有关发展适宜性早期教育实践的声明中，我们看到了支持本书观点的内容。这份声明包含了多条与儿童早期学习标准相关的适宜性评价及课程实施的建议。

- 4.B.对基于目标的儿童发展进步做出评价，这些目标对于儿童发展和教育来说是非常重要的
- 4.C.形成一个包含评价信息收集、解释和运用的系统，引导班级课程实践（形成性评价）。利用评价信息设计课程、组织儿童的学习活动并与儿童进行实时互动。换句话说，为了改进教学，应该持续性地进行评价
- 4.H.对儿童有重要影响的课程实施和教学决策，通常是基于多方面的相关信息而得出的，包括通过观察儿童获得的信息，通过教师、家长（必要时，还包括其他早期教育工作者）与儿童的互动获得的信息

第二章 怎样把观察记录与儿童早期学习标准以及问责联系起来？

对儿童的观察不可以是完全随机的，它应该是系统的、经过周密计划的，它包含一些关键的要素。观察儿童应该是这样的。

- 持续开展并渗透在儿童的日常活动中
- 基于评价标准进行（以儿童早期学习标准的相关内容为依据）
- 做好观察记录（尽可能在行为发生的时候做记录）
- 客观描述，而不是解释、评价或判断
- 有助于教师了解儿童正在学习的技能和已经掌握的技能，有助于教师判断如何改进教学并支持儿童取得进步

观察记录不是随机的，而是有目的性的，要经过教师的深思熟虑并持续开展。教师应该仔细观察并认真记录儿童在与自己相处过程中的言行，如在游戏中观察、在给儿童换尿布或给他们洗澡时观察、在进餐时观察、在户外集体和小组活动时观察。教师要为自己的观察记录制订计划，这样才能够收集到各种数据。之后，教师可以和其他人一起回顾、反思、评价和分享这些记录内容。

上面提到的是美国部分州的儿童早期学习标准内容。不同儿童的个体发展没有可比性，但是我们仍然可以根据儿童早期学习标准提出的对该年龄段儿童的合理期望来评价每名儿童的发展水平。在实施观察式评价时，教师应该尽可能在儿童行为发生时将观察所见所听记录下来，这将为我们评价儿童发展提供更可靠的信息。真实客观的观察记录能够提供评价所需的证据。基于这些证据，教师能够判断每名儿童正在做什么以及他们已经取得了哪些进步。

观察式评价应该被整合进课程设计中。因此，儿童早期

佩吉："我关心每名儿童能够做什么以及他们能够在多大程度上做到这些，而不去关心处于那个发展阶段的儿童会做什么。通过关注儿童处于什么样的发展阶段，我能够为其创设适合于他们发展的自然教育环境。"

学习标准应该成为课程设计的重要来源。在观察儿童并记录下他们表现出的与儿童早期学习标准相关的行为后,教师才会清楚地知道每名儿童能够做什么以及应该如何为每名儿童设计后续的教学活动。通常,儿童早期学习标准是以连续性的儿童学习与发展表现为基本形式的,以便教师发现自己对儿童在某个领域中某一阶段的发展水平的合理期望是什么。这也让教师更容易地以儿童早期学习标准为参照,为每名儿童设计符合其需要的教学活动,思考采取哪些方式有效地支持儿童的后续学习与发展。

儿童早期学习标准为观察儿童和设计课程提供了坚实的基础。借助儿童早期学习标准,教师能够进行相应的课程设计并确定儿童行为观察的聚焦点。儿童早期学习标准是在深入研究后制定的,这样每名教师才能对儿童学习与发展的表现有共同的理解和认识。教师不必猜测两岁儿童应该在精细动作发展领域有什么样的表现,也不必猜测4岁儿童应该在字母学习任务上表现出什么样的发展水平。教师只需要参照儿童早期学习标准,从中找到描述不同年龄段儿童在不同领域的发展水平和表现性指标。通过这样的方式,早期教育领域的专业化程度获得不断提高。教师不需要自己编制儿童发展检核表。借助儿童早期学习标准,基于评价标准的儿童发展评价和课程设计也能够被广泛认可,相应地,教育质量也会不断得到提升。教师可以就儿童的发展进步与家长进行深入沟通,也可以在需要关注儿童某领域的发展能力时轻松地得出结论。教师还可以依据儿童早期学习标准来决定什么时候去寻求专家的帮助以及寻求哪位专家的帮助。必要时,教师还可以判断儿童发展的特别需要是什么并为其制订适宜的教育计划。

将观察记录与儿童早期学习标准相联系

在美国绝大多数州,针对婴儿和学步儿的学习标准,其各领域的标题和使用的描述性语言是不同于幼儿阶段的。这样的安排是适宜的。与幼儿阶段儿童相比,婴儿和学步儿的学习与发展方式具有特殊性。以婴儿和学步儿学习标准

第二章 怎样把观察记录与儿童早期学习标准以及问责联系起来？

中的认知领域为例。它们与幼儿阶段的儿童早期学习标准的要求非常不同。

- 婴儿和学步儿的接受性言语的发展早于表达性言语的发展。当别人和他们说话或者给他们唱歌时，他们习惯于倾听并从中学习。随后，他们会努力表达自己的需要和愿望，学习更多的词汇。这些方面的发展为他们日后早期读写技能的发展奠定了基础。他们将拥有越来越丰富的词汇（既包括接受性言语，也包括表达性言语），也将会成为更好的阅读者
- 婴儿和学步儿开始了解世界是怎样运作的。他们很想知道，当他们伸手去拿或者猛击某个物体的时候，什么事情会发生。他们很想去验证，当他们用力摇晃某个会嘎嘎响的玩具或者按下玩具上的按钮时，什么事情会发生
- 婴儿和学步儿开始理解各种概念，如原因、结果、客体永久性
- 在倾听某个故事或者和照看者一起看图画时，婴儿和学步儿的语言意识开始发展

在幼儿阶段的儿童早期学习标准中，认知领域通常被划分为语言、读写、数学和科学等。此外，美国很多州在儿童早期学习标准中设置了社会领域，设计了相应的指标用以描述儿童是怎样学习在班级活动中与他人友好相处的、是怎样获得对家庭和邻里关系的理解的、是怎样掌握行使自己公民权利的基本要素的，如以轮流和投票的方式支持组织做出集体决策。另一个被美国很多州纳入儿童早期学习标准中的领域叫作学习品质，这个领域包括儿童在坚持性、专注力、好奇心、主动性和问题解决技能等方面的发展。儿童的学习品质与其日后学业成绩之间的直接关系早已被证实。

阅读下面这则关于安琪儿的观察记录，分析对她行为的描述是如何符合儿童早期学习标准相关要求的。

安琪儿（4岁10个月）

在餐点时间，安琪儿留了一把椅子，冲着她的朋友路易斯说："你坐这儿，挨着我。"她拿了三块薄脆饼干，一边往自己的餐巾纸上放，

一边数："1、2、3。"接着，她用餐刀往每块饼干上涂抹花生酱。她喊了一声："请再来点儿果汁！"在和朋友聊天的时候，她说："我们农场里有鸡和山羊。山羊的叫声很大。它们的声音实在太大了，我不得不把耳朵捂上。"说着，安琪儿用两张餐巾纸捂上了自己的耳朵，她的朋友路易斯也这么做了，只不过他用的是饼干。两个孩子都笑了。

下面列出了安琪儿的能力发展清单。这份清单经过了我们的确认，并已按照儿童的学习领域加以分类。这些领域在美国新墨西哥州的儿童早期学习标准中有详细表述。在儿童早期学习标准的各个领域中，表现性评价指标用以描述儿童在该领域发展的具体表现。下面列出了安琪儿在各领域的行为表现。

- 读写：能够倾听并理解教师的指令，能够与他人进行交谈，能够有效地运用母语与他人交谈
- 数学：能够把数字和计算当作解决问题和确定数量的方法
- 精细动作发展：能够协调眼和手部的动作
- 自我、家庭和社区：能够在行为上表现出家庭、邻里关系和所在社区的文化差异，能够和不同的儿童一起游戏、交往并分享经验和观点
- 学习品质：在学习活动、常规活动和游戏中表现出越来越强的独立性

> 罗斯玛丽："观察记录常常帮助我思考，对于每名儿童来说，什么样的活动是适宜的？"

正如教师所看到的，这则观察记录涉及了儿童学习与发展的5个领域的诸多方面。这样，教师不必为她专门设计与儿童早期学习标准相联系的特别活动，也不必把她带到一边做评

第二章 怎样把观察记录与儿童早期学习标准以及问责联系起来？

价，但却能够了解她在上述学习与发展指标上的具体表现。教师能够在一日生活的各个活动中进行自然观察，把看到的记录下来，获得更多有关安琪儿学习与发展的信息。当安琪儿参与游戏、集体活动和小组活动以及其他常规活动时，如户外游戏、过渡环节、洗手、如厕、入园、离园，教师可以进行观察记录，从而建构对安琪儿学习与发展状况的整体理解，并把这一整体理解与儿童早期学习标准相联系。这样，教师既能满足问责的要求，又能为儿童提供最佳的教育指导。

在第五章，我们呈现了一些观察记录，用来阐明儿童是怎样通过行为表现出儿童早期学习标准关注的各方面内容。阅读这些观察记录，会使教师更清楚地知道怎样通过观察记录来进行评价。教师会注意到，在每则观察记录中，教师都能看到许多儿童早期学习标准关注的指标，正如我们在安琪儿的观察记录中看到的那样。在附录中，我们提供了更多可供反思的观察记录，它们与儿童早期学习标准也有联系。

◆ ◆ ◆

如果问责机制和贯彻儿童早期学习标准精神的具体要求是聚焦于如何让儿童从中受益的话，那么我们会把这些要求看作是很有意义的。当观察式评价和基于合理且具有年龄适宜性的课程设计成为高质量的教育计划的基础时，儿童才能从中真正受益。

本书将介绍进行观察记录的各种方法，以便更好地了解儿童，为他们提供最好的教育。在下一章，我们将讨论怎样做好观察记录的问题。

◆ ◆ ◆

> 我设计的活动是不是有助于促进儿童多方面能力的发展？是不是考虑到了儿童发展的个体差异？是不是所有的儿童都需要参加这个活动？这个活动有助于促进儿童的学习吗？对于儿童来说，活动帮助他达到了儿童早期学习标准的哪些要求？有助于实现哪些发展目标？"

反思

目的：在儿童参与常规活动时，反思儿童早期学习标准可以被利用的各种方式。

行动：和班上的儿童一起讨论本班的一日生活常规。班上每天都会组织的下列活动涉及儿童早期学习标准的哪些指标？

- 入园
- 室内自由游戏
- 午点
- 如厕
- 户外活动
- 午睡
- 离园

找到自己的观察风格

目的：学会关注儿童发展的所有领域。

行动：回答下列问题。

- 自己是否发现，观察记录其实更适合于用某个具体的发展领域指标来解释自己的认识内容？
- 自己打算怎样熟知儿童早期学习标准中所有和发展领域相关的内容？
- 自己会采取哪些策略以确保观察记录就每名儿童的全面发展而言，都是经过深思熟虑的？

第三章

怎样做好观察记录？

在开始观察记录儿童的行为时，突如其来的大量信息会让教师茫然并不知所措。教师可能会纠结，自己在观察时要将注意力聚焦在什么地方、记录什么、记录多少。教师可能会遗漏对一些儿童的观察，因为一部分儿童需要教师给予更多的关注而且他们也更容易被关注到，另一部分儿童看起来则没有那么容易被关注。教师可能会发现，自己总是倾向于对儿童发展的某些领域和活动室的某些特定区域进行观察，对其他领域和区域观察较少。教师还需要探索记录儿童行为的适宜策略，找到在观察时最适宜捕捉儿童行为的方法。

要成为一名熟练的观察者，教师要花费大量时间，需要反复实践，需要全身心投入到日常观察工作中。这项工作和在生活中你想要做好的其他事情一样。如在学习骑自行车时，你会不断尝试，直到你能够自如地骑行。刚开始，你可能没有那么自信，但是当你最后能够独立地在路上骑行时，你会想："我做到了！这其实也没有那么难。"接下来，你需要进一步提高这项技能水平。你要学习如何有效地使用刹车并稳住车把。很快，你可以骑着自行车疾驰在路上，任风吹过自己的头发。此时，你不需要过多地去想骑自行车的每个步骤，但却已经把骑自行车所需的全部技能进行了运用。这个过程与做好观察记录是一样的。每尝试一次,观察记录工作就变得容易一些。最终,自己的工作效果会越来越让人满意。

对于教师来说,留出足够的时间练习观察是非常重要的。教师应该为自己拥有的独特学习风格而感到自豪,并且要考虑如何尽可能地利用时间进行练习和观察。这意味着,每天当班上的儿童正在做游戏或参与一日生活某个环节的活动时,教师需要停下来几分钟,观察其中1~2个孩子。教师和同事希望每天都有时间在活动中观察儿童,然后在一天的工作结束后一起讨论观察到什么。当把时间用于去更好地观察儿童时,教师就不只是在关注下一个活动是什么,而是把全部的注意力倾注在了解儿童是怎样思考、怎样解决问题、怎样与他人交往以及怎样探索世界上了。对于教师来说,看到儿童的成长和进步会让自己感到兴奋,会觉得自己的所有付出都是值得的。

教师不可能把一天中观察到的儿童的所有行为都记录下来,只把那些有助于教师做出教育决策的行为记录下来即可。首先,为每次的观察确定一个焦点,记录也围绕这个焦点展开。为了最大限度地利用时间,教师和同事需要根据观察记录的地点和对象进行分工。本书提供了大量策略,帮助教师找到在忙于班级管理的过程中进行有效观察记录的最佳方式。本章主要介绍做好观察记录的方式和策略,以确保观察记录是基于事实的、描述性的并能够展示儿童发展的相关信息的。教师通过不断练习以下技能,能够把观察工作做得越来越好。

- 让观察更加聚焦
- 调动所有的感官去观察
- 以开放和有准备的心态面对儿童

教师通过不断练习以下技能,能够把记录工作做得越来

戴安娜(Danna):
"我认为,只了解事情的某一方面不会像了解整件事情那样,会让我们不堪重负。如果你刚好不堪重负,如无法做好整件事,那就要从一点一滴做起,不必一开始就把整件事都做好。"

越好。

- 把观察记录当作研究来做
- 尝试使用不同的记录策略
- 留出时间，用于反思自己的观察记录
- 察觉自己在观察记录中可能存在的偏见
- 客观记录
- 解释儿童的行为
- 不遗漏任何一名儿童

本章将逐一探讨以上问题，帮助教师不断增强作为一名儿童行为观察者和记录者的能力。

让观察更加聚焦

我们承认，观察会让人不堪重负。在观察儿童时，教师会看到和听到太多的东西。找出能够让观察变得更加聚焦的方法，减少观察带来的信息量，会帮助教师决定应该把注意力转向何处。有时候，我们确定的观察焦点具有综合性，有时候则很具体。下面是一些观察的焦点，可供参考。

- 在一段时间内只观察一名儿童
- 一群儿童
- 一日生活的某些具体环节、具体活动或者活动室的某些区域
- 某些技能、儿童早期学习标准、儿童发展的某个领域，如精细运动技能、阅读理解

罗宾："这个行业的现实是我们挣得并不多，而且我们也没有足够多的时间进行观察记录，尽管这项工作应该这样做。如果你能够把这项工作当作一个爱好，把心态调整到了解为什么要从事这项工作上，那么你就会成为一名优秀的幼儿教师。对这份工作保持敬业精神，要求自己更专注地做好观察记录，会让自己对这份工作重新燃起希望。同时，班级管理工作也变得越来越顺畅。"

- 儿童当前遇到的困难和挑战

给自己足够的自由，尽可能多地尝试这些让观察变得更聚焦的方法，这有助于教师判断儿童的发展需要并逐渐成为有能力的观察者。我们承认，教师可能需要尝试所有的方法，但不必在同一时间段内同时使用这些方法。

调动所有的感官去观察

要成为一名优秀的观察者，教师需要用眼睛扫视整间活动室，获得对班上所有儿童正在做什么的整体印象。同时，教师还需要密切注意某些儿童在做什么。要通过观察了解每名儿童行为表现的复杂性，仅仅通过看是站不住脚的。除了看，教师每天还需要调动听觉、触觉、嗅觉甚至是自己的心，去了解每名儿童正在做什么。想象自己和某个或一群孩子待在一起的时候，自己不得不离开一会儿或者必须转身去拿架子上的一些材料，这时你认为自己是在观察儿童吗？当然是！因为你在倾听。

通过倾听获取信息，是观察至关重要的部分。听到婴儿的哭声或咕咕声并做出适宜的回应，能够让婴儿学会信任自己的养育者并了解到自己正被养育者细致照顾。听儿童讲述自己去祖母家拜访的故事并肯定他的表现，能够使儿童因受到鼓励而继续与他人交往。教师听到儿童的咳嗽声，能够引发对其身体健康状况的关心，并在需要时通知他的家长以便及时送医。教师听到儿童平和的呼吸声，能够确信他的午睡状态很好。有时候，知道活动室的某个角落非常安静，也是观察儿童的一种方式，因为这会让自己想要去了解一下那里的儿童正在做什么。

触觉的运用也是观察的重要组成部分。在早期教育领域，教师常常把自己与儿童的身体接触当作自己与他们建立关系的一种途径。婴儿经常被抱着，因为只有这样，成人才可以出现在婴儿的视线范围内，才可以为婴儿提供非常重要的刺激和照顾。学步儿经常在自主探索后回到自己最喜欢的成人的怀抱里,因为充满爱的怀抱是他们的安全港湾。对于学步儿和幼儿来说,拍肩、握手、击掌和拥抱分别代表问候、夸奖、伤心或受伤后的安抚。请儿童坐在腿上,通常意味着小组阅读或集体阅读活动即将开始。教师的双腿能够给那些想念父母的儿童提供安全感,能够引导那些不能很好地控制自己身体的儿童坐下来,从而使他们以更适宜的方式参加即将开始的活动。

　　细心的养育者指出,每名儿童都有他自己认为的最舒服的身体接触程度。一些儿童喜欢被关爱,而且也常常主动表达爱;另一些儿童则需要更多的私人空间,他们排斥或者躲避来自成人的身体接触。这种情况尤其会发生在师幼关系建立的初期。对于这些儿童来说,他们通常会回避与他人的身体接触。就人与人之间的互动而言,其也存在很大的文化差异。在一些文化背景下,成人在儿童年幼阶段与其交往的时间要多于其他年龄段。两个人在交谈时保持的、可被接受的距离在不同的文化背景下也存在着差异。一些人在交谈时,即使与对方离得很近,也会让人感到舒服;另一些人则喜欢与对方保持较远的距离。意识到自己所在的早期教育机构中的儿童和他们的家庭所具有的不同文化偏好,有助于教师在观察儿童并与其进行身体接触时更准确地解释他们的行为。

　　细心的教师能够注意到儿童通过与他人的身体接触而传递出的信号。教师可以通过自己的触觉来解读儿童的肢体语言。现在,自己怀里的这个孩子是在焦虑不安地动来动去吗?或者他正依偎着自己,表情轻松而平静吗?坐在自己腿上的孩子是不是一动不动?孩子是不是也想抱住自己或者想要离开呢?留意儿童发出的身体信号是观察儿童的重要方面。

　　嗅觉的运用在儿童观察中也非常重要,尤其对婴儿和学步儿来说,有时候对于幼儿来说,也是如此。在帮助儿童换尿布或处理如厕事情时,教师的嗅觉是非常重要的。借助于

艾普瑞(April):"观察儿童是我每天所做的最重要的工作之一。当孩子们在活动室里四处游动时,我通过观察了解到他们是如何看待周围这个世界的,还了解到他们对学习的哪些方面感兴趣以及他们是怎样看待家里的自己和活动室里的自己。这些都让我对孩子们内心具有的想法和坚定信念产生敬意。对孩子们进行观察,从中找出每个孩子的个性化特点和兴趣,有助于我根据他们的已有经验设计课程,为他们的学习提供支架,也有助于研发能够促进其学习能力提高的各种项目。"

嗅觉，教师能够发现自己是否需要关注儿童的个人卫生。当发现儿童头发蓬乱、没有洗澡时，教师应该将这一情况上报给管理者或在必要时转告给相关机构。对于儿童家长来说，这也是家庭教育的有益开始。而且，对于儿童在健康方面的关注也是从嗅觉的运用开始的。当发现儿童到园时鼻子堵塞、用嘴呼吸，教师可以注意一下他呼气时散发出来的味道，发现他的嗓子有没有受到感染。教师要警告儿童家长，帮助其认识到医学干预的重要性，这是针对儿童养育问题进行家园沟通的重要方面。

最后要强调的是，有奉献精神的教师是用自己的心在观察。当认识了儿童并在观察的基础上和他们建立起稳固关系后，教师能够在这名儿童不太对劲的时候用心去"看见"。教师发现，当自己说"他今天有点不太像他的样子"时，自己可以询问他的父母，了解一下孩子是不是遇到了什么事情，从而影响到他的情绪或行为。在尽力为每名儿童提供最好的教育时，相信自己的直觉是聆听内心想法的一种方式。

以开放和有准备的心态面对儿童

在自己时刻想与儿童待在一起并对他们表现出来的行为保持开放和有准备的心态时，教师就要成为一名越来越棒的观察者。教师可能因为真心喜欢孩子所以才选择这个职业。和婴儿一起坐在地上玩"躲猫猫"的游戏，是非常开心的事情。在把手从自己的脸上拿开时，婴儿会高兴地尖叫起来。和蹒跚学步的儿童一起唱歌、跳舞，能够让他和自己越来越亲近。看到儿童掌握了一个新概念或者一项新技能，就像看到一盏灯被点亮，这对于教师来说，是真正有价值的。教师是儿童的亲密伙伴，能够帮助每名儿童在自己的人生道路上不断前进，帮助他们成为他们自己想要成为的样子。正如德布·柯蒂斯（Deb Curtis）和玛吉·卡特（Margie Carter）在《反思儿童的生活：以儿童为中心的反思性课程》(*Reflecting Children's Lives*：*A Handbook for Planning Your Child-Centered Curriculum*）里所写到的，"如果你能够强烈地意识到儿童有与他人交往的能力并且对深度的人际关系有强烈的渴望,那么你就能够通过提供支持和训练来帮助他们成为最好的自己"。

和儿童在一起时,教师怎样才能够让自己的心态变得开放和有准备呢?一个办法是让头脑中控制自己每天都要按部就班活动的那个声音缓和下来。深呼吸,在儿童身边坐下,倾听他们的想法,这能让教师更清楚地看到他们在做什么,了解到对他们来说,什么是重要的。让儿童尽情地展示自己的活力和个性,和他们一起笑并适时停下来反思自己所看到的,这些都有助于教师对儿童了解得更多。不要总去关注接下来应该安排什么活动,而要去专注当前正在开展的活动,这样做能够让教师把儿童的行为看得更清楚。承认自己不可能在一天中看见儿童身上发生的所有事情,承认自己只能够记录这些事情,这样才能够减轻教师在做记录工作时的压力,使教师能够去密切观察并乐在其中。

安东(Anton):"观察儿童的价值在于我发现了他们是多么有趣。观察他们,我从来不知疲倦,而且总能发现应该为儿童提供什么样的个性化教育。"

保持开放和有准备的心态意味着要记得去观察儿童,了解他们能够做什么,而不是了解他们不能够做什么。即使问责的呼声和贯彻儿童早期学习标准精神的呼声越来越高,教师自己也别忘了仍要把关注点放在儿童能够做什么和正在做什么上,关注他们在哪方面取得了成功、能够独立完成哪些事情以及在他人的帮助下能够完成哪些事情。在看见儿童正在努力地完成一项特定的学习任务时,教师要能够找到他身上的闪光点。把儿童的所有行为都记录下来,有助于教师做出明智的教育决策,这些教育决策恰恰是基于观察记录而做出的。借助于观察记录,教师能知道儿童的优点是什么以及他们在哪些方面需要得到额外的支持和干预。

如5岁的格兰特(Grant)属于典型的成长中的孩子。由于患有慢性神经系统疾病,他的听力和行动能力都丧失了,也无法走路,但是可以在地板上爬行,借助于手臂来拉动身体。格

迪安娜:"在我观察某个年龄段的儿童时,我实际上要去努力忘掉他们的准确年龄。这听起来似乎有点'背道而驰'。但这么做,是因为它能够帮助我抛开先前对孩子所做的判断、期望或假定,而把精力完全放在真正的观察上。在我观察他们时,我能够清晰地知道儿童在其独特的发展道路上正处于什么样的水平,从而在其后续发展过程中把握他的每一个进步。"

兰特的老师凯米（Cami）并没有把观察目标定位在了解格兰特不能够做哪些事情上。她和同事选择去关注格兰特的爬行能力，在活动室里用软垫子布置了超越障碍的训练场地，供格兰特爬行。他们把格兰特放在滑梯的顶端，然后在他沿着滑梯往下滑的时候，小心翼翼地扶住他。他们确信，只要把格兰特放在一个能够支撑他手臂和后背的装置上，他也能够像其他5岁孩子那样去参加各种活动。格兰特最喜欢的活动是站在感官区的桌子上。洋溢在他脸上的笑容是那么有感染力。教师认可并支持格兰特的能力发展，以开放、有准备的心态面对他，相信他能够展示出自己的能力。

把观察记录当作研究来做

记录是观察的必要组成部分。我们承认，把观察所见都写下来确实会让人崩溃。然而，正如我们前面提到的，通过观察儿童并记录所见，我们能够对儿童有更多的了解。认识到观察记录的重要性，找到做好观察记录的方法，这将使教师在与儿童的相处中获得更多的乐趣。

在观察儿童时，收集与儿童相关的信息，就像科研人员收集与研究主题相关的信息。如果只是凭借自己的记忆，那么教师可能会遗漏有关儿童发展的重要信息。因此，要成为一名细心的观察者，教师必须将观察所见记录下来。记录能够作为证据，显示出教师已经了解到儿童的优点、弱点、兴趣和能力是什么。记录可回答下列问题。

- 儿童是谁？
- 这名儿童是怎样向我展示他的技能、理解水平和能力的？哪些方面与儿童早期学习标准相联系？
- 这名儿童的独特发展需要、生活经验、家庭及文化背景对其产生的影响分别是什么？

围绕上述问题开展的观察记录可以通过以下几种方法来实施：撰写观察笔记，描述儿童所做的和所说的（如我们在前面几章提到的）；在观察结束后的某个时间段内回忆观察内容，从而加深印象。有时候，教师可以列一个清单，记录主要的信息。重要的是，教师要知道每种清单应该在什么时候运用。只有这样，记录的信息才能够真正有助于教师对每名儿童进行具体研究。后面，我们将会介绍一些进行观察记录的不同方式，同时对在什么时候有效运用这些方式提供指导。

在做观察记录时，教师可以通过与儿童的互动来加深自己对目前所做研究的认识，以便对儿童的想法和认识有更多的了解。加入到婴儿喋喋不休的谈话中，观察他回应自己的方式。当和年龄稍大一些的学步儿或幼儿一起交谈时，教师可以通过问开放式问题或做出开放式评论来鼓励儿童更多地分享自己的想法、更多地展现自己的内心世界。

开放式问题没有正确的答案。相反，开放式问题欢迎来自不同角度的回答。如"关于那个问题，你都知道什么？""你为什么这样认为？""接下来会发生什么？"属于开放式问题。相比之下，封闭式问题只有一个正确答案。如"这是什么颜色？""你有多少个？""这块拼图应该放在哪里？"属于封闭式问题。封闭式问题不能帮助提问者洞察儿童在某个特定时刻思考问题的方式。对于一些儿童来说，如果不知道答案，他们会立刻停下来，拒绝再回答任何问题。学习提出开放式问题，有助于教师获得更多的关于每名儿童发展情况的信息。在观察儿童时，最适宜的做法是提开放式问题，并把这些开放式问题和儿童的回答一起作为观察记录的一部分。下面呈现的是包含了教师提问的观察记录。阅读它们，判断一下教师是否因为自己提出了这些问题而对儿童思考和解决问题的方式有更多的了解。

路易莎（Louisa）（5岁）

当我给全班孩子读完一本关于悲伤和大笑的图书后，我问孩子们："这本书让你想到了什么？为什么它会让你们有这种感觉？"

路易莎举起手回答："如果你正感到悲伤，别觉得这是多么糟糕的事情,因为这就是你的内心感受。"

卡扬(Kazyan)(4岁8个月)

卡扬走进科学区,拿了滴管和三个杯子。他在桌子边坐下,把滴管插到水中,然后拿出来,发现滴管里没有水。他把滴管再一次放回到水中,拿出来,还是没有水。"尼特(Nita)老师,这个东西怎么用?"他问。我问他:"好,为了让它起作用,你能做什么?"他说:"我必须让水进到这里面来。"我说:"对,卡扬,你怎样才能做到?""我不知道怎样才能让水进到这里面,需要您做给我看。"我拿起滴管,说:"卡扬,看着滴管。你看见了什么?"卡扬说:"我看见了一个黑色的东西以及水需要进入这个东西里。"我说:"说得对。"然后,我问他:"这个黑色的东西摸起来是什么感觉?"卡扬说:"它又湿又软。""所以,你认为自己应该用这个又湿又软的黑色东西做什么?"卡扬拿起滴管,抓住湿软的黑色东西的末端,然后用手指按了下去。"我需要用手指捏它。"他把滴管放入水中,捏动它。经过多次尝试后,滴管里充满了水。他笑容满面地大声宣布:"我做到啦!"

有时候,开放式问题或评论能够允许儿童以他们自己的独特方式去应对分歧或异议。在下面两个案例中,教师进行的就是开放式评论。

雅思敏娜(Yasmina)(4岁2个月)

当雅各布(Jacop)走过来的时候,雅思敏娜正坐在里面。雅各布在她身边坐下,从她身边拿走了一本书。雅思敏娜说:"我要先看这本书!"雅各布说:"我也是!"雅思敏娜说:"老师,雅各布拿我的书。"我说:"那你可以做些什么呢?"雅思敏娜告诉雅各布:"雅各布,坐在我旁边,我们一起读这本书。"她把书的一半放在自己的腿上,另一半放在雅各布的腿上,然后说:"看,我可以分享。"

马克斯（Max）（5岁7个月）

马克斯和他的好朋友正在自行车车道上骑滑板车。玩了一会儿，他们用小货车玩运泥土的游戏。5分钟后，马克斯回来了，看到克劳迪娅（Claudia）正在骑他的滑板车。马克斯抓住滑板车的把手，说："这是我的滑板车。"克劳迪娅并没有从车上下来，只是说："你离开了，去玩别的了。"马克斯抓得更紧了，重复说："轮到我玩了。"他俩一直僵持着，直到马克斯喊我的名字："特蕾西（Tracy）老师，我要骑滑板车。"我走近他，说："看起来，你俩都想骑这辆滑板车。我不知道怎样做才能让你们两个都开心。"马克斯说："我们可以轮流，让我先骑。"我问："你们想骑几圈？"马克斯说："五圈。"克劳迪娅说："两圈。"马克斯说："五圈。"克劳迪娅说："三圈。"马克斯说："五圈。"克劳迪娅说："四圈。"马克斯说："五圈。"克劳迪娅说："好吧，五圈。"克劳迪娅下了车，让马克斯骑。骑了五圈后，马克斯把车交给了克劳迪娅。

有时候，以一种开放、有准备的方式对儿童做出回应，能够使儿童有机会按自己的思路解决问题并带给大家惊喜，就像下面这个案例展示的一样。

阿里安娜（Ayiana）（5岁2个月）

今天在集体活动时，班上所有的孩子都站在贴有歌词海报的一面墙前面，轮流指认歌词中的字母。他们跪在地上，排成了三排。前面的孩子比较高，后排的孩子无法看到歌词。阿里安娜说："我知道该怎么办。"我问她："你会做什么？"她站了起来，把个子高的孩子往后排挪。然后，阿里安娜让前排剩下的孩子都站了起来，这样她就能看出"谁是个子最矮的小朋友"。她选出了个子最矮的孩子，然后把他安排在前面。"现在每个人都能看到啦。"阿里安娜笑着说。是的，他们都看到了。

尝试使用不同的记录策略

每个人都有自己独特的组织风格、书写方式和记录方法。尝试使用不同的记录策略，和在实践中练习观察儿童同等重要。教师会找到一种更适合自己的方法，而另一种方法可能更符合同事的风格。教师可能更喜欢随手做一些简要记录，以便当晚对这些记录进行及时反思。同事可能更擅长在和儿童待在一起时就把相关信息记录下来。后面，我们会介绍几种不同的记录方法，并针对怎样以及何时使用何种记录方法提供最有效的指导。我们鼓励教师尝试运用这些记录方法，并和同事讨论每个人应该如何运用这些记录方法从而改进记录的水平。

留出时间，用于反思自己的观察记录

教师需要花时间回顾自己所做的观察记录，思考每名儿童获得的发展成就，对接下来应该采取的教育策略做出规划，支持儿童的成长和发展。为反思制订计划，为自己留出回顾记录内容的时间，这样做能够使观察结果在教师与儿童的互动中得到有效运用。教师可能会在儿童行为中看到不同的儿童行为模式。教师可能会突然看到很多儿童在一日生活的某个环节遇到了困难或者在某个特定区域内遇到了困难。教师可能还会看到某名儿童在午睡起床后表现得很好。

不是所有的反思都可以利用业余时间并在安静的环境中进行的。教师要留出足够时间，对观察记录结果进行反思，也可以和同事一起交流。有很多时间可以进行反思。

- 在观察时自然而然地进行反思
- 在一天的工作中持续不断地进行反思，如在观察儿童参加常规活动和其他活动时进行反思，然后将这些反思汇总，获得对儿童行为的完整认知
- 每天在计划好的、安静的时间段内进行反思
- 每天或每周和同事进行集体研讨
- 在归档观察笔记时，持续不断地进行反思（可能每周1次）
- 对某名儿童持续观察几周后，在计划好的时间段内对已经完成的观察记录进行反思

在对观察记录进行反思时，教师需要考虑的重要问题是：关于这名儿童，我知道什么？教师可以继续问一些更具体的问题。

- 这名儿童的兴趣是什么？真正能够让他兴奋起来的事情是什么？
- 这名儿童的个性特征是什么？他是什么样的人？
- 这名儿童获得的成就是什么？他在哪些方面取得了进步？
- 这名儿童在哪些领域遇到了挑战和困难？
- 在我和同事对这名儿童实施的教育策略中，哪些发挥了作用？
- 针对这名儿童采取的教育策略有没有发挥作用？
- 我们必须考虑到的变化是什么？
- 我们应该为这名儿童设置哪些发展目标？

花时间针对每名儿童的表现考虑以上问题并制订相应的教育计划，这样做能够使教师越来越了解儿童，教师的工作也会变得越来越简单，因为教师能够非常清晰地解读儿童发出的信号，能够预见问题并加以预防，能够把工作建立在自己以往取得的成就上，能够帮助每名儿童获得成功。有时候，反思时间也是教师唯一可用来记录观察结果的时间。后面，我们将讨论如何更充分地利用这个时间来做记录。

察觉自己在观察记录中可能存在的偏见

> 达丽莎（Darisa）：
> "在我进行观察记录时，让我惊讶的是我看了很多以前没有看到过的儿童表现。坐下来认真阅读并反思，对我有很大的帮助。我觉得自己的心就像格林奇（Grinch）①的心一样，开始变大了。"

在实践中，观察儿童是一项需要人来操控而非机械化运作的工作。因此，要做到完全客观的观察是不可能的。在工作或游戏中观察儿童时，教师会受到来自于自身生活经验、对儿童发展的理解、看待自己和他人的态度、固有的偏见和成见等的影响。每个人都有自己看待世界的独特视角。每名教师也都有自己看待儿童的独特视角。如当两名或者更多的教师同时观察一名儿童时，每个人都会表达自己的观点。德布·柯蒂斯和玛吉·卡特描绘了两种截然不同的视角：一种是负向视角，另一种是正向视角。倾向于从负向视角看待儿童的教师认为，儿童缺乏自控力，会表现出较多不当行为。倾向于从正向视角看待儿童的教师认为，儿童在努力学习如何与周围的世界相处，努力理解成人提供的社会线索，尽自己最大的努力去运用这些知识和信息。两种截然不同的观点会影响每名教师在观察儿童时能够看到什么。下面呈现的就是德布·柯蒂斯和玛吉·卡特（2011）从两种不同的视角出发去描述同一名儿童的同一行为（见表3-1）。

表3-1 负向视角和正向视角

负向视角	正向视角
这个孩子对于什么是安全感毫无概念	这个孩子是充满活力的探险家、不知疲倦的实验家、具有奉献精神的科学家

---

① 格林奇是电影《圣诞怪杰》（*How the Grinch Stole Christmas*）中的角色形象。——译者注

续表

负向视角	正向视角
这个孩子缺乏耐心	这个孩子渴望从自己的经验中以及与他人的互动中学到东西
这个孩子总是做不到手里不拿东西	这个孩子正在思考怎样控制自己的行为并照顾好自己、他人和周围的世界
这个孩子爱发脾气	这个孩子正在从依赖走向独立

善于反思的教师能够意识到自己在观察儿童时采用的是什么视角。他们努力去理解导致儿童问题行为产生的深层次原因。他们会思考儿童的观点，从多个不同的角度分析儿童的行为，这样能够预防儿童出现负面的情绪。从长远来看，这能够最有效地为儿童提供帮助。正如路易斯·德尔曼-斯帕克斯和朱莉·奥尔森·爱德华兹（Julie Olsen Edwards）在《针对儿童和自己的反偏见教育》（Anti-bias Education for Young Children and Ourselves）一书中写到的："当教育者把儿童看作是强有力的、聪明的和友善的个体时，儿童就非常有可能表现出强有力的、聪明的和友善的行为。他们更愿意去学习、茁壮成长并获得成功。"

缺乏文化经验或者对他人的价值观存在误解，都会影响教师解读儿童行为的方式。要成为一名真正的有效观察者，教师必须持续不断地发展自己对文化经验的认识以及对所教儿童及其家庭经验的认识。自省是持续性的。在此过程中，教师需要做到成熟、有思想、善于反思并勇于接纳新的想法。教师的目标应该是，记录的内容代表儿童的真实想法且没有任何形式的偏见。

有时候，冲突的发生是因为教师的文化背景与儿童及其家庭的文化背景存在差异甚至是误解。双方在诸如进餐和睡眠、依恋和分离、游戏、探究和社会性等话题上存在着观点差异，这些都会成为沟通障碍产生的原因。有关文化实践的误解会导致教师对儿童行为做出错误解读。没有一种信仰是绝对正确或错误的。通过与儿童家长交谈了解他们的育儿方式，能够加深教师对儿童行为的理解。在看到不同文化的认知经验影响自己的观念和认识以后，作为观察者的教师就获得了成长，也就能清晰地看到儿童在做什么。"卓越的教师知道，对不同的观点积极倾听并保持开放的心态，这对于存在多元文化差异的机构来说至关重要，对于服务的所有儿童家长来说也是必要的"（Copple & Bredelcamp，2009）。

了解在观察儿童时采用的视角在哪些情况下不正确、模糊不清甚至不能提供有关儿童学习和发展的真实信息，将使教师的观察记录变得更加可靠，从而获得更多有关儿童发展的信息。教师不仅能够理解自己是谁，而且能够理解自己所服务的儿童及其家庭的丰富性和多样性。

客观记录

要做好观察记录工作，至关重要的事情是撰写的观察记录是基于事实的。它应该是描述性的文字，而不是解释性、判断式的文字。既然每个人都会从自身的独特经验出发看待学习情境和儿童，那么尽可能客观、真实地记录观察结果就有助于消除这些固有的偏见。客观意味着看见和记录那些实际上正在发生的事情，并让自己努力不受价值判断或已有偏见的影响，同时不去记录那些对观察到的行为做出的各种解释性言语。这也意味着要把不同性质的工作加以区分，真实记录教师所看见的，然后对记录内容进行回顾并对记录中描述的事实做出解释。这些说起来很容易，但做起来却很难，因为教师观察记录的对象是那些与自己朝夕相处且再熟悉不过的儿童。但是，对儿童观察越多，所做的记录就越客观。

下面是一则主观性、解释性的观察记录。注意看，判断式、评价式的文字运用是如何让记录的效果变得负面。

乔舒亚（Joshua）（4岁3个月）

乔舒亚今天在集体活动中的表现非常差。他从不认真听，一刻也坐不住。他总是扭动身体，还去打扰邻座的小朋友，我不得不坐在他旁边，抱着他。

在这段关于乔舒亚在集体活动中的表现的描述中，有些字眼非常突出，如"差、从不、总是、打扰"。这些字眼反映的问题在于，不同的人可以从不同的角度去理解它们。有的人会把"差"定义为动手打其他小朋友或者踢椅子，有的人则会把"差"定义为不听教师讲话或者不按次序发言。对于这一有关乔舒亚的小事件，这些字眼表达的含义太广泛。"打扰"一词也可以有不同的含义，这让教师对乔舒亚究竟做了什么而打扰到邻桌小朋友心生疑问。他是靠在了同伴身上吗？他是在同伴耳边小声说话了吗？他是掐、打还是踢同伴了吗？他是问同伴问题了吗？此外，在这段观察记录的最后，"今天我不得不坐在他旁边，抱着他"反映了观察者的消极态度，好像这名教师在为自己不得不以这种方式帮助乔舒亚而感到愤愤不平。

很明显，上面这则观察记录是解释性和判断式的。其实，我们是可以找到一种描述乔舒亚在集体活动中表现的具体方式的，并提供一份事实性、描述性的观察记录。这样的观察记录能够让所有教师准确地了解乔舒亚做了什么、说了什么。基于这些信息，教师能够做出自己的判断，明确接下来为促进乔舒亚的发展应该采取什么样的教学策略。分析下面这则重新撰写的关于乔舒亚的观察记录，看一看解释性记录是怎样被替换成描述性记录的。

乔舒亚（4岁3个月）

乔舒亚每次大概只能坐稳1分钟，然后站起来或者走开。每次，我都把他带回来，让他重新坐下。坐着的时候，他用手捅旁边的孩子，还和他说话。我坐到乔舒亚旁边，问他是不是愿意坐到我的腿上，他同意了。他靠着我，边吸吮着大拇指，边听我讲完故事，时间大约持续了5分钟。

在这段基于事实的描述中，教师可以看到，乔舒亚在安静地坐着和参加集体活动方面存在困难。直到他被安置在成人腿上，他才能够安静下来。因此，在为他制订参加集体活动的计划时，教师应该考虑为他创设与成人坐在一起的机会，这样他才有可能成功地参与到集体活动中。

表3-2来自《聚焦式幼儿成长档案：幼儿完全评估手册》（*Focused Portfolios: A Complete Assessment for the Young Child*）。看一下表格左列中的词汇和短语。注意一下，教师在关于乔舒亚的记录中有多少类似的词汇和短语。在阅读完后面事实性、描述性的观察记录后，教师可以回顾这张表格的内容，看一看使用的词汇和短语是怎样从解释性、评价式变成事实性、描述性的。在本书的附录中，教师也可以看到这张表格。

表3-2 应该避免使用和应该使用的词汇和短语

应该避免使用的词汇和短语	应该使用的词汇和短语
这个孩子爱……	他经常选择……
这个孩子喜欢……	我看到他……
这个孩子喜爱……	我听到他说……
他在……上花很长时间	他花了5分钟做……
似乎……	他说……
看上去显得……	他几乎每天……
我认为……	他每月有一两次……
我觉得……	他每次……
我想……	他持续性地……
他做……非常好	我们观察到一种关于……的模式
他不善于……	—
他对……是有困难的	—

对下面这些观察记录中使用的词汇和短语进行分析，看一看哪些不是事实性、描述性的。

珍妮弗（Jennifer）（3岁1个月）

珍妮弗是一个让人操心的孩子。妈妈离开时，她会哭。她需要来自成人的关注。她比较难安静下来，除非给她一个奶嘴或者有人抱着她。她很容易受到惊吓。当大一点的孩子接近时，她会感到不安。

卡丽（Carrie）（3岁2个月）

卡丽最先跑出活动室，来到自行车前，因为她想先选择自行车。她喜欢骑红色的自行车。但是，她忘记了要从室内走到室外，而不是直接跑到室外。

尼克（Nico）（4岁）

今天在艺术区活动时，尼克很高兴地画了一幅画。他用光了颜料，包括绿色、蓝色、棕色和红色。他的画非常有趣。看上去，他画的是一群人和一间房子。尼克几乎每天都在画画，看起来这是他最喜欢的活动。

戴安娜："我面临的挑战是怎样做到以正确的方式进行记录。"

下面是一则不包含任何主观色彩和价值判断的观察记录，它只描述了儿童做了什么、说了什么。请注意，直接记录儿童所说的话，也是观察记录的一种方式。

卢皮塔（Lupita）（2岁5个月）

午餐时，卢皮塔看到罗琳（Lorrain）把红辣椒放到了玉米煎饼上。卢皮塔说："妈妈，红辣椒。"罗琳问他，是不是他的妈妈吃红辣椒。卢皮塔说："是。"他想要更多的食物时会说："再来点。"当我们让他说"请"时，他照做了。后来，他看到

约翰娜："我发现，如果自己只是记录孩子做了什么，会非常轻松。这也让我不必在观察儿童时去评价他们。我可以只把他们做了什么记录下来。"

杰森（Jason）在吃东西，就指着杰森说："看，杰森！"

通过这则观察记录，教师能够对卢皮塔在午餐时间是如何运用语言的有一个很好的了解。在观察记录中，事件发生的情境和教师与卢皮塔之间的互动都被记录下来，但教师没有对卢皮塔的语言技能进行任何评价，而只是对他使用的词汇和短语进行了简短交代。下面再提供两则事实性、描述性的观察记录。

娜奥米（Naomi）（7个月）

娜奥米躺在铺着毯子的地板上，前面有一个攀登架。几分钟后，她开始哭。妈妈正在厨房里为她清洗奶瓶，听到哭声后赶紧说："亲爱的，我听到了，我就在这里呢。"娜奥米将双手握成拳头，放在嘴边。她开始来回移动拳头，发出咿咿呀呀的声音："吧，吧，吧，吧。"直到妈妈把她抱起来并喂她吃奶，她才安静下来。

加勒特（Garrett）（5岁1个月）

加勒特让我给他读《好饿的毛毛虫》（*The Very Hungry Caterpillar*）。当读到"那天晚上，毛毛虫的肚子好痛"时，加勒特说："好吧，他吃了世界上所有的食物。"当读到"它造了一间小房子"时，加勒特说："那是茧。"我回答："对，加勒特，那是茧。"整本书读完后，加勒特说："有一次在我祖母的房间里，我看见了茧。第二天晚上，它并没有变成一只蝴蝶，还是茧。"

解释儿童的行为

在观察儿童的过程中，教师可能会对什么时候需要去判断、评价和解释感到困惑。以解释的方式记录儿童的行为，带来的问题是可能会通过几种方式来看待同一名儿童的行为。教师应该确保有足够的证据来支持自己对儿童行为所下的任何结论。阅读下面这则描述伊利亚（Elijah）在积木区活动的观察记录。

伊利亚（3岁9个月）

伊利亚在积木区玩。他手里拿着动物玩具。活动区还有几名儿童和他一起玩。他拿着动物玩具转着圈跑，另一名儿童追他。他大笑并尖叫："你抓不住我。"

当读完这则观察记录后，即使不了解伊利亚，教师也能够根据他表现出来的各种行为得出一些结论。教师可能会认为，他有些失控，亟须教师给予干预以帮助他安静下来；或者教师可能会认为，他正在消耗剩余精力。或者教师可能会认为，他对于在该活动区活动的其他孩子来说是个威胁，或者他只是在表达自己的喜悦和活力。

这则观察记录提供的事实不足以让我们知道哪个结论是正确的。因此，如果教师过早地对伊利亚的行为做出判断，那么就非常有可能得出错误的结论。唯一能够使教师的判断被确信的做法是，在各种不同的情境下对伊利亚进行多次观察，了解他是怎样管控自己的行为的。对伊利亚行为的多次记录会提供越来越多的关于伊利亚的事实证据。根据这些证据，教师能够确定自己要怎样做，才能为伊利亚的发展提供最佳支撑。

记录想法、观点并做出解释的过程必须保持独立，以确保观察记录的客观性。一些教师在做观察时会使用带有一定格式的记录表，上面既有对事实的描述，也有对事实的解释。他们通常把记录表分成两列，一列记录儿童的行为，另一列记录对这些行为的解释。我们也设计了这样一张表格，可用于记录对儿童行为的真实观察和解释。教师可以在附录中看到这张表格。

在解释儿童行为的过程中遇到问题时，教师要倾听了解各种合理的解释，因为教师自己并不真正地知道儿童为什么会做现在这样的事情。这有助于教师在对儿童行为进行解释时，可以依据尽可能多的观察情境来调整解释内容。表3-3呈现的就是这种方式。

表3-3　事实—解释观察记录表（案例）

日期：3月20日	姓名：伊利亚
事实	解释
伊利亚在积木区玩。他手里拿着动物玩具。活动区还有几名儿童和他一起玩。他拿着动物玩具转着圈跑，另一名儿童追他。他大笑并尖叫："你抓不住我。"	他是行为失控、特别需要成人干预才能安静下来的孩子吗？ 他奔跑是因为他在消耗剩余精力吗？他每天都精力充沛吗？ 对于同样在积木区活动的其他孩子来说，他对他们构成威胁了吗？ 他仅仅是在表达自己的喜悦心情吗？

教师下一步要做的事情是利用这些信息，包括基于事实性、解释性的信息制定相应的干预策略，确保每名儿童获得成功，确保他们的学习和发展潜能被最大限度地激发。由于记录是真实、解释性的，所以教师可以经常回顾这些记录内容，考虑这些记录背后的证据支持是什么。对于伊利亚来说，多次观察可以形成对他的基本认识，即他是一个面部表情非常丰富的孩子、他喜欢表达自己的喜悦心情。在获得上述认识后，教师应该选择坐回到他的身边，和他一起大笑，和他拥抱，和他一起以积极的方式度过在幼儿园的每一天。同时，教师通过多次观察，发现伊利亚经常出现失控行为。如果是那样，教师需要对他的行为加以指导，以免其伤害到同伴。另外，教师还需要制订相应的教育计划，明确每天在一日生活中如何对他进行指导，帮助他逐渐养成自控力，学会用面部表情或词汇来表达自己的情感，如生气的时候可以跺脚、可以向教师求助等。后面，我们会深入探讨如何基于观察记录进行课程设计。

不遗漏任何一名儿童

教师必须承诺，自己会努力去观察每名儿童，但这并不意味着教师需要把看到的每名儿童的所有事都记录下来。教师只需要去了解那些在儿童发展领域最重要的方面，这些方面能够让教师对每名儿童的发展水平有全面、完整的认识，从而了解到他的能力是什么、他正在做什么以及为了帮助他成功需要付出哪些努力。当尝试去管理儿童或为儿童提供帮助时，教师会发现，自己对一部分儿童关注较多，对另一部分儿童关注较少。有一些儿童确实需要关注，可能是因为他们在自控力发展方面确实需要得到帮助。在他们身边安排一名教师，帮助他们学会以适宜的方式表达自己的情感，而不去伤害其他儿童，这样做是非常有必要的。另一些儿童也需要关注，是因为他们希望得到教师的爱、赞扬和肯定。这些儿童会不断地给教师展示自己带来的画作，说一些类似"老师，看我画的""我爱你"的话。他们想要得到的是积极的关注。教师表示，他们不会忘记去记录儿童的发展变化。

在审视这些观察记录时，教师经常发现，有一群儿童被认为是不受关注的。他们不希望受到更多的关注。事实上，这样的儿童常常是那些能够独立、轻松地适应在园生活的儿童。这些儿童不需要教师提供任何干预，教师也较少对这些儿童进行观察。因此，这样的儿童比较容易被遗漏。说一句"噢，稍后我会记录他们的"是相对容易的，但之后还是会忘记。既然观察获得的信息能够为儿童发展评价服务、为问责服务、为教学反思和课程设计服务，那么任何一名儿童都不应该被遗漏。

◆ ◆ ◆

教师应该持续不断地观察儿童，但不必把看到和听到的每件事情都记录下来。像研究者一样，在努力对每名儿童了解更多的同时，教师必须找出那些最重要的事情并记录下来，但更重要的是提高自己的观察技能，以更开放和有准备的心态去了解每名儿童。此外，找到观察记录的最佳方式会花费教师大量时间，需要教师反复练习。相信教师一定能够做好观察记录工作。

反思

目的：对有助于做好观察记录工作的各种方法进行反思。

行动：在回顾完观察记录的内容后，思考以下问题。

- 你会通过什么方式来为自己留出时间以进行观察记录练习？
- 你会通过什么方式来以开放和有准备的心态去观察儿童？你能够做什么？
- 你会如何安排反思观察记录内容的时间？
- 自己的观点或偏见在什么时候会影响到对儿童的看法？

找到自己的观察风格

目的：了解自己的观察风格具有什么特征，帮助自己制定策略以便更客观地观察儿童。

行动：回忆之前"应该避免和应该使用的词汇和短语"的内容。

- 确定自己会使用的一些短语，在工作日志上写下来。
- 思考哪些方法可以帮助自己进行更客观的记录。你会采取怎样的步骤来完成这部分记录？在工作日志上把这些步骤写下来。
- 思考自己是如何看待儿童的破坏性、不适宜行为的。你认为他是顽皮的，还是能干的？分析最近一次你不得不去帮助的、有不良行为表现的儿童的情况。你是从什么角度对他进行观察的？你是如何回应他以便为其提供帮助的？
- 针对问题，写下自己的答案和想法，或者与某位值得信任的朋友、同事一起讨论，仔细思考自己在观察儿童时采用的视角。

- 你的社会身份（性别、民族、种族、经济地位、家庭结构、性取向、能力和残疾情况）是什么样的？回想一下了解到自己的社会身份的那一刻或某扇门被关上时，感受如何？
- 关于人与人之间存在的各种差异，你的家人教会了你什么？他们的行为和他们的言语一致吗？
- 还记得在童年时期，你是怎样理解人与人之间的差异的？让你感到困惑的是什么？
- 你是以什么样的方式对父母秉持的民族、种族、性别、身体运动能力的观点表示赞成或不赞成的？如果你不赞成，你是如何表达自己的想法的？谁对你有重要的影响？你打算怎样教育自己的孩子？

第四章

怎样能够保证观察记录的时间？

怎样能够做到既有时间观察儿童、记录自己所见，又有时间与儿童进行充分互动？对此，教师可能一直都有困惑。为达成上述目的，教师必须选择最佳的记录时间，尝试运用各种记录方法。事实上，记录并没有最合适的时间，也没有最完美的方法。为了有效地记录儿童的行为，教师需要尝试一些不同的记录方式，考虑自己的记录目的、自己能够利用的记录时间以及在记录期间自己可能会被打断的情况。教师还需要考虑自己撰写观察记录的风格。找到适宜的记录方式能够减轻既做观察又做记录的压力。但是，要想找到适宜的记录方式也需要花费很多时间。对自己来说完美的记录方式可能并不适合同事。要成功地找到最适宜的记录方式，教师必须不断试验与反思，以获知哪种记录方式对自己而言是最有效的。

什么时候记录？

教师只有尝试在不同的时间段内对儿童表现进行记录，才会发现哪种记录方式对自己来说是最有效的。建议教师尝试在以下时间段进行记录。

- 与儿童在一起时
- 事件结束后
- 在从日常活动中抽身出来时
- 反思时

与儿童在一起时进行记录

帕姆:"因为找不到纸,所以我把记录内容写在了班里找到的一个纸袋背面。孩子之间的对话一直在进行,即时记录确实帮助我把所有的事情记录下来。我找到纸袋和铅笔,然后在纸袋背面开始记录。"

佩吉:"我一直连续不断地观察儿童,这就是为什么我的口袋里总是装着索引卡的原因。在看到一些事情发生并想要获得更多信息时,我会抓起活页笔记本,记录下更多的细节。"

教师一定有过看到儿童完成某项任务后的兴奋感,并且想把这个活动尽快记录下来。教师观察到的儿童行为可能符合某项儿童发展指标,或者与自己所在地区的儿童早期学习标准描述的情况相符。记录有助于教师分析儿童是否达到了某个特定的发展水平。教师也许是第一次看见儿童做某件事,但是却发现其非常重要,所以要必须尽快记录下来。于是,教师抓起记事本或移动设备,把那一刻观察到的内容记录下来。

对儿童行为进行即时记录的好处在于教师能够捕捉到儿童真实、自然的言行。由于是在儿童言行发生后进行记录,所以教师更容易记住细节,更能够记录详细。为了做到这一点,教师必须借助便利的记录工具。很多教师的口袋里装有即时贴和笔。有时候,教师会在观察的同时进行记录,用蜡笔把观察内容记录在废纸或者其他在手边可利用的物品上。如果时间不允许教师把观察到的东西都记录下来,即时的简短记录也能够捕捉到有关儿童行为表现的基本信息,并把它们作为后续追记的"记忆唤醒机(memory jogger)"。在准备好后,教师就要利用这些记录,提醒自己在后期补充被遗漏的各种细节。

事件结束后尽快记录

另一个适合做记录的时间是在事件结束后。有时候，教师可能太忙，无法在儿童行为发生时把所见记录下来。如教师观察到一名儿童穿过活动室去做某件需要被记录的事情，但自己此时却忙于餐后的清理工作，所以当下的工作是完成清理而不是去想找到怎样一种方法把观察所见记录下来。教师完全可以在清洗餐具的时候观察这名儿童，努力聚焦在自己想要记录的各种细节上，然后在观察结束后尽快把自己的所见记录下来。这一类型观察的好处在于，教师既能够观察儿童又能够完成班级管理的各项工作。

但是，等到事件结束后再进行记录也有一些缺点。

- 可能会忘记一些重要细节。等待记录的时间越长，越有可能忘记观察到的儿童行为中的某些细节。越早记录，越有可能准确地回忆起它们
- 很难在听到儿童语言的一段时间后完整地将其记录下来。在观察事件结束后进行逐字回忆，几乎是不可能的。能采用的最佳做法是记录儿童所说的话的要点，希望它还能够包含一些儿童的直接语言
- 记录很难达到客观描述的全部要求。对儿童行为的记录，过去的时间越久，越有可能使用解释性的语言，而不再是简单、如实地对事件进行描述。在事件结束后，做记录的同时进行自我反思，有助于保证记录内容的客观性

瓦莱丽（Valerie）："我通常在活动过程中进行直接记录。如果我们正在开展的活动有助于帮助儿童达到其发展的某些目标，我就会利用剪贴簿（每名儿童有一个专门的数据收集资料夹）进行记录。"

约迪（Jodi）："在儿童游戏时，如果我看见一名儿童展示出某种新的或者我以前没有记录过的技能，那么我会尽快将其记录下来。有时候，在儿童离开后，我必须靠对活动过程的记忆来记录。所以，先给活动拍照，然后再记录自己看到的，是我经常采用的一种记录方法。"

此外,"记忆唤醒机"也会对教师有帮助。一些教师发现,他们能够抓住某个瞬间去抓拍儿童的行为。随后,当他们找到时间去记录儿童的行为时,这些抓拍的照片就能够帮助他们唤醒已有记忆。儿童完成的作品,如一幅画、一件艺术作品或是一幅书写作品,都能够成为"记忆唤醒机"。当把这些作品放到房间或者展示在公告栏中时,教师可以从更宽泛的角度来描述儿童做了什么以及他在创作作品时说过什么。

在从日常活动中抽身出来时进行记录

迪安娜:"在经历过多次的尝试和失败后,我找到了自己的记录风格。对一个人来说是有效的记录风格未必适合另一个人。我找到的最便捷的方法是为每个孩子建立档案袋。封面写上他们的名字,贴上他们的照片。在索引卡上,我会描述这个孩子做了什么、说了什么、事情发生的日期以及是否有相关的活动照片或作品。然后,我会把写好记录的索引卡放进孩子的档案袋。"

对于面向一群儿童施教的教师而言,一种进行记录的方法是在从日常活动中抽身出来时。这是了解儿童的一种绝佳方式,因为此时教师的唯一责任是倾听、观察、记录。教师和同事必须决定谁从日常活动中抽身出来、什么时间抽身出来更合适、由谁来负责班级管理,这需要教师之间的协调、沟通和规划。如在讲故事中,一名教师讲故事,努力确保班上所有儿童对活动感兴趣,都参与到活动中;另一名教师坐在讲故事区域的附近,在活动开展期间做记录。另外,他可以在有事情发生时——如某名儿童的安全问题需要得到关注,或者需要帮助同事处理儿童的行为问题时——回到日常活动中。此时,记录工作会停下来,教师需要与班上的儿童进行互动。

从日常活动中抽身出来的情况可能是自然发生的。偶尔会出现所有儿童都忙碌地投入到活动中的情形。教师环顾整间活动室,发现没有一名儿童需要自己干预或者提供帮助。此时,教师正好花几分钟时间坐下来,记录自己看到的儿童行为。教师可能会观察自己一直想要了解的某名儿童,也可能会观察共同参与活动的一群儿童。同样,教师也在时刻准备着,在儿童需要时重新回到日常活动中。实际上,儿童的年龄越大，教师越有可能从日常活动中抽身出来。当照顾对象是婴儿和学步儿时，教师很少有机会从日常活动中抽身出来。婴儿和学步儿的教师需要时刻陪伴在他们身边，照顾他们。随着儿童独立性的增强，教师会有更多的时间从日常活动中抽身出来，进行记录。

从日常活动中抽身出来进行记录的好处在于，教师能够更充分地专注于自己正在记录的儿童行为。这时候，教师可以撰写一份非常详细的观察记录，观察记录中包含很多儿童的原话。很多不同的记录方法都是有效的，因为教师能够在一段时间内扫视整间活动室，持续观察某名儿童的活动和他投入活动的持续时间，或者一次观察好几名儿童。这样做的不利之处在于，教师需要与同事一起就观察记录工作进行协调，而这样做会使自己无法及时回到活动中并为儿童提供帮助。

但是，教师绝不能把记录作为自己不去与儿童进行互动的借口。教师的工作就是与儿童沟通，对他们正在做的事感兴趣，在他们游戏时与之交谈并处理班级问题。从日常活动中抽身出来进行记录不应持续较长时间，这样教师才能够持续为儿童提供充分的支持。

反思时进行记录

反思时间是可用于记录观察所见的另一个时间选择。在儿童午睡或者一天工作结束后，坐下来反思自己看到的，这是记录儿童一天行为的最好方法，特别是在自己一个人带班时。不管是不是一个人带班，如果能够最大限度地利用反思时间的话，教师可以借助于一系列的线索去回忆观察的情景，如照片、简单的观察笔记、自己与同事的谈话、儿童的作品。

伊丽莎白："实事求是地说，我做记录的时间一般在上午班和下午班之间、儿童离园后、晚上在家时、早上儿童入园前。"

> 迪安娜："在一起回顾和讨论各自所做的观察记录内容时，我发现，同事真是一个人才。这样的讨论有助于我们更好地了解班上孩子的发展水平，以及我们应该采取哪些措施来确保每个孩子都有机会获得新的技能。我们会讨论在一日生活中通过哪些方式帮助孩子、在班级学习环境中投放哪些材料、需要家长提供什么帮助，以便更好地进行保教工作。"

与儿童在一起时，教师有时间通过拍照来记录儿童的行为，但却没有时间坐下来把观察所见逐字记录下来。或者教师已经在观察时草草记录了一些简单的事情，或者教师利用各种儿童发展检核表已提醒自己要记录当时想要记录的儿童行为，那么教师此时可以利用照片在孩子午睡时、结束一天工作时甚至是周末写下简单的观察笔记，回忆事件发生的全过程。如果利用数码相机或移动设备来拍照，教师可以在一天的工作结束后或者周末来仔细查看照片。把儿童画的画、写的字以及其他作品保存起来（或者把这些作品拍照），也可以帮助教师在以后回忆起事件的所有细节。

在安排自己的反思时间时，教师和同事会发现，大家一起讨论有助于唤起每个人对事件的回忆。每天简短的5分钟能够帮助教师和同事做更多的记录。我们把这样一个时间称为花5分钟时间，强烈建议教师把它当作自己和同事一起工作的常规时间。花5分钟时间，和同事一起坐下来讨论在观察时自己想要记录的内容。交流是简短的，但可以聚焦一个问题，如"今天发生了哪些让我们难忘的事"。在决定如何回答这个问题时，教师可以把撰写观察记录的任务分解给同事，减少观察记录的工作量。

如果在自己工作的早期教育机构中，所有的儿童都是在同一时间离开，那么教师可以把反思时间安排在儿童离开后。在打扫活动室或者安排后续工作之前，花5分钟时间坐下来讨论。如果在自己工作的早期教育机构中，保教人员的换班时间有重叠，那么我们鼓励教师想办法花5分钟时间，针对自己在观察中看到了什么和哪些内容应该被记录下来进行交流和讨论。我们知道这项工作颇具挑战性，但我们也听到教师反映，这项工作是多么有价值。下面就是一段根据花5分钟时间讨论而形成的观察记录。参与讨论的是玛丽娅（Mariah）和杰森，他们在一起照看刚会走路的学步儿。

玛丽娅看到班上所有刚会走路的孩子们都在睡觉（这种情况并不经常发生），于是决定利用这段时间去和杰森谈5分钟，一起对几天前所做的记录进行反思。他们二人坐在摇椅上，腿上放着儿童成长档案。玛丽娅问："今天发生了哪些让我们难忘的事？"杰森答："凯尔（Kyle）看起来就快学会走路了。他扶着架子蹒跚向前，努力学习走路，还能保持短暂的平衡。我认为过不了多久他就可以自己走路了。"玛丽娅也认为这是一个很重要的发现。于是，杰森简短地记录下了凯尔走路时关于平衡能力的表现和他们持续观察凯尔的计划，这一计划把观察的重点放在凯尔正在发展中的走路能力上。玛丽娅说："我看到凯莎（Keisha）正在玩'形色乐'①。她一直在自己解决问题，改变形状，变换不同的方向，直到它们刚好能放进去。我想把这个记录下来。"这时，一个孩子起床了，他们结束了讨论。

类似于这样的讨论可以安排在周末，尤其是在自己和同事有固定的、可做周计划的某个时间段内。在共同制订下一周的教育计划之前，教师可以先问自己："这周发生了哪些让我难忘的事？"然后就撰写记录的任务进行分工，以确保重要信息都能够被记录下来。在花5分钟时间观察且同时做计划的时间段内，教师可以把班上所有儿童的名字列出来，确保没有一名儿童被遗漏。此外，教师可以把本地区的儿童早期学习标准、课程目标体系以及相关的评价工具放在手边，这也是有效的做法。这样，教师和同事就可以聚焦在自己需要记录、出于问责目的而被要求发展的某些方面。

在家花几分钟坐下来反思，是做记录的另一种选择。利用这段时间，教师可以回想一下今天开展过的活动。教师会发现，自己对班上儿童发展状况

---

① 一种形状分类玩具。——译者注

的思考其实在一天工作结束时才刚刚开始。花点时间把想法记录下来，将其添加到自己正在为每名儿童收集、汇总的观察信息中。

在反思时做记录的好处在于，这项工作是融入忙碌而又鲜活的与儿童相处的一日生活之中的。反思性的记录在内容上要比一篇摘要丰富很多，而这也可被看作是其中的一个好处。在回顾儿童的发展表现时，教师获得整体的印象。教师可以对一天当中发生的所有事情进行思考，把儿童的行为置于这一背景之下。书面的观察记录可能涉及一天的多个时段，可能是有关儿童行为及其与他人互动的任何方式。记录儿童在以前是如何应对某项任务的，并将其与儿童现在的行为加以对照，能够发现儿童正在取得的进步有哪些。这样做的不利之处在于，教师很难在忙碌了一整天后回忆起整个事件。如果非要等到周末再去记录，教师要想准确回想起所发生过的所有事情，其实也是非常困难的。细节变得越来越模糊，记录的客观性始终是关注的焦点。能够唤起记忆的各种线索愈多，这一类型的观察记录就会取得愈加明显的效果。

莉莲："我总是随身带着活页夹和照相机。所以，在想要记录下正在发生的事情时，我可以用准备好的钢笔和纸来记录，也可以快速地拍一些照片。任何时候，我都可以进行记录。我尤其喜欢在儿童游戏的过程中记录他们之间的交流情况。"

记录在哪里？

在做观察记录时，有很多不同的材料和记录表格、技术可以被利用。最重要的是随身携带纸和笔，或者保证它们在附近以便随时可用，这样教师就可以把正在观察的儿童行为迅速记录下来。即时贴、索引卡、笔记本、活页夹，这些东西在活动室内应该随处可见，以便随时记录观察到的各种信息。小而方的即时贴很容易放在口袋里并随身携带。小巧的带线笔记本能够提供更多的空间，用来记录儿童所说的话，用来写更详细的观察笔记。其他一些记录者使用的多是由多张索引卡制作而成的小型线圈笔记本。索引卡都被打上了圆孔以易于取下来，这样可以在记录完成后根据需要将其放进某名儿童的儿童成长档案中。笔记本应该足够小，以便于随处携带。同时，教师要带着笔。

装有画线纸的小型线圈笔记本也可用来做观察记录。一些教师喜欢用装有画线或不画线纸的三孔档案夹。三孔档案夹笔记本的尺寸偏大，如果用于快速记录，教师需要将其放置在活动室内便于取放的地方。教师可以在活动室内不同的地方放置具有相同格式的活页夹，这样可以在需要时随时取用。很多教师会把活页夹分成不同的部分，以便记录每名儿童的行为。他们也会提前为每名儿童准备一些纸，在纸上预留出用于记录的特定区域。观察记录表（见表4-1）和领域观察记录表（见表4-2），可用于此类记录工作。附录展示了各种形式的记录表。

约迪："我尝试过不同的记录方法。我用过即时贴，在上面草草记下观察到的事件。我也尝试过带夹子的写字板，在上面写下班上每个孩子的名字，确保我对每个孩子进行了记录。我也用过拍照的方法来记录孩子的游戏和学习表现。"

表4-1　观察记录表

姓名：_____	

表4-2 领域观察记录表

姓名：_____

语言	社会性—情感
动作（粗大动作和精细动作）	创造性
认知（数学、问题解决）	早期读写（阅读和书写）

领域观察记录表呈现的儿童发展领域在绝大多数儿童早期学习标准或评价工具中都可以看到。观察记录表则没有标注明确的儿童发展领域，供教师填写那些最符合自己所在机构认可的儿童发展领域。如果教师的教育对象是婴儿，那么教师就把婴儿学习标准或相关评价工具中提到的发展领域填写进去。在记录每名学步儿正在开展的活动时，教师也可以参照所在地区的学步儿学习标准，确认哪些发展领域需要被关注。如果自己在特殊儿童教育机构任教，那么教师可以利用观察记录表来进行观察记录。教师也可以根据个别化家庭服务计划或者个别化教育项目的目标来记录儿童的行为，这两个计划都是根据有特殊需要的儿童的需求设计的。

活页夹记录表（见表4-3）也便于教师随身携带。一些教师会利用带有笔记本性质的活页夹来记录儿童的活动表现。为了更细致地观察某名儿童，教师会把一些空白姓名标签贴在活页夹上，在上面写好儿童的姓名。已经做完记录的儿童姓名标签会被揭下来，贴到儿童成长档案上。这样，教师就可以确切地知道，第二天要观察的儿童是那些姓名标签仍贴在活页夹上的孩子。

第四章　怎样能够保证观察记录的时间？　65

表4-3　活页夹记录表

艾希莉（Ashley）	布伦南（Brennan）
查尔斯（Charles）	丹尼拉（Daniella）
埃弗伦（Efren）	海莉（Hayley）

活页夹还可以用来夹班级花名册或是写有班上所有儿童姓名的快速检核记录表（见表4-4）。以这样的方式做观察记录，既快捷又容易，尤其是当教师面向一组儿童施教时。教师可以一次性草草地记下多名儿童的活动情况，但同时仍与他们进行互动，并对他们的活动进行必要的指导。

表4-4　快速检核记录表

姓名	日期和活动	日期和活动	日期和活动	日期和活动

对于一些观察来说，更适合的方法是根据快速检核记录表做相应的核

选标记或极简的观察笔记。对于另外一些观察来说，这样的记录表可能就不奏效了。快速检核记录表只有在需要做极简观察记录时才适合。一些地区适合使用这个表格，另一些地区则不太适合使用。绝大多数有关大肌肉动作发展状况的记录可以采用这种简洁的记录方式，大部分有关小肌肉动作发展状况的记录也可以采用这种记录方式。然而，对于儿童接受性语言和表达性语言发展水平的记录则不太适合采用这种记录方式。同样，对于儿童社会性、情感和问题解决能力发展水平的了解，也不适合采用这种记录方式。重要的是，教师要考虑这种记录方式如何与观察依据的儿童发展指标相匹配。后面，我们会把这种记录方式与包含信息量更大的儿童成长档案加以对比，借此更详细地对这些匹配过程进行考量。

以表4-5的快速检核记录表（案例）为例。教师正在记录儿童使用剪刀的技能。对于那些能够轻松地用剪刀剪东西的儿童来说，教师会在记录表对应表格里做一个标记。对于那些还不会使用剪刀的儿童，教师在对应表格里不做任何记录。教师可以自己决定使用什么样的标记，如用"×"或者"否"，以确保记录信息是清楚明白的，为日后回顾该信息提供参考。该案例同时展示了另外一种利用该表进行简要记录的方法。如本次观察的重点在于了解儿童用一一对应的方法进行点数的能力。儿童的表现以数字的形式记录在表格中，反映了儿童用一一对应的方法进行点数的能力，如一名儿童只能

表4-5 快速检核记录表（案例）

姓名	日期和活动 用剪刀捡东西（09-14）	日期和活动 用一一对应的方法进行点数（09-20）	日期和活动	日期和活动
艾希莉	√	5		
布莱恩（Brian）		3		
卡梅伦（Cameron）				
戴维（David）	√	20		
埃博尼（Ebony）		6		

点数到3，另一名儿童则能点数到20。

美国新墨西哥州的学前教育项目为教师设计了基于某些基础性儿童发展指标的记录表。在记录表中，有些儿童发展指标的达成情况可以采用简洁的方式进行记录，有些儿童发展指标的达成情况则主要通过描述性的观察笔记、照片和儿童作品取样等方式记录。教师反映，以这种方式来了解儿童发展应该达成的目标和应该被记录的内容，对他们来说是非常有帮助的。因为这样，他们能够快速地完成记录，从而把更多的精力放在需要进行描述性记录的儿童身上。他们还提到，记录使他们看到班上所有儿童的总体发展趋势，从而进行有针对性的课程设计。

有时候，教师可能想要在记录表中填写更多的信息，但仍希望保持记录的简短性。在简记记录表（见表4-6）中，教师可以列出全部儿童的姓名，记录更多的信息，而不再是做标记或者填写"是"或"否"。

表4-6　简记记录表

姓名	日期和活动

在和儿童一起听故事时，教师可能需要用到这样一张记录表。教师可能需要记录下每一名通过提问或评论对所讲故事做出回应的儿童的姓名。或者，如果教师正在指导一组儿童用彩色珠子进行不同模式的创意拼摆，那么教师要有更多的时间在简记记录表上写下每名儿童的拼摆情况。

在小组活动中，教师可能会想要使用由艾普瑞·加西亚设计的小组活动记录表（见表4-7）。她是美国新墨西哥州拉斯克鲁斯市的一名特级教师。正如教师所看到的，在和儿童一起开展某个具体活动或者围绕某个目标开展某项活动时，小组活动记录表可以一次性记录12名儿童的具体行为。

表4-7　小组活动记录表

日期：_____　　活动：_____
目标：_____

姓名：	姓名：	姓名：
姓名：	姓名：	姓名：
姓名：	姓名：	姓名：
姓名：	姓名：	姓名：

借助于夹在写字板上的空白标签、班级花名册或者记录表，教师能够清楚地看到哪些儿童已经被观察到、哪些儿童被遗漏了。上述记录表能够确保教师在做儿童观察时没有一名儿童被遗漏。活页夹要随身携带，以供在快速记录时使用。如果选择使用三孔档案夹，最好的办法是准备多个形式相同的活页夹，并把它们放在活动室的不同地方，以便做记录时方便取用。

另外，文件夹也很容易随身携带。教师可以用装有即时贴或索引卡的文件夹来做记录。下面提供了制作文件夹的两种方法。

方法一：利用即时贴制作文件夹

1. 打开一个文件夹，把它放平整。
2. 用尺子和笔在文件夹上画出多个方格，一个方格可记录一名儿童的表现。一张信纸大小的文件夹可以划分出24个方格。如果儿童数量少于24名，或者如果想要留出更大的空间做更详细的记录，那么教师可以把方格留得大一些。
3. 在每个方格中标注出儿童的姓名。
4. 把即时贴贴在方格中，这样就可以在上面做记录。要确保即时贴上写了儿童的姓名，这样教师很容易找到每名儿童对应的方格。

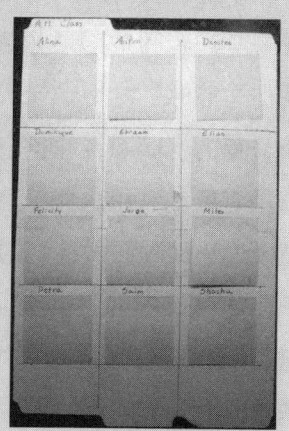

方法二：利用索引卡制作文件夹

1. 打开一个文件夹，把它放平整。
2. 借助透明胶布，把索引卡从底部向顶部粘贴，保证每张卡片的底部露出。文件夹的一侧大概能够粘贴15张索引卡。
3. 在每张卡片底部露出的部分写上儿童的名字，一张卡片写一个名字。
4. 在每张卡片上写下对这名儿童的观察记录。为了及时找到需要写观察记录的那张卡片，可以把其他卡片向上翻。当一张卡片写满后，教师把它从文件夹上取下，替换为另一张卡片。

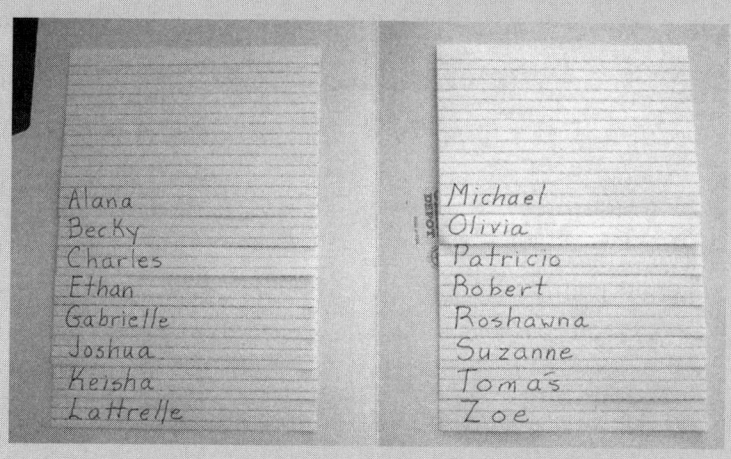

除了进行传统的纸笔记录，教师还可以运用一些现代化技术手段进行记录。视频和音频是记录儿童行为和语言的两种常见方式。它们具有即时记录的功能，能够一次性记录大量信息。利用它们做记录的问题在于，教师必须对所获得的视频和音频信息进行反思和回顾，确定哪些信息是有意义的以及如何最有效地利用这些信息。因此，在运用这些现代化技术手段时，教师必须把反思、回顾和做计划的时间也纳入其中。

多媒体设备可用于拍摄照片、录制视频和音频。教师可以利用多媒体设备进行观察记录，下载文件到电脑上，通过电子邮件把观察记录发送给儿童家长。现代化技术既直接又很容易，对于记录者来说太诱人了。如果运用得当，它可成为非常棒的观察记录工具。然而，有一些必须注意的问题也应被考虑。有时候，它会把教师的注意力从师幼互动上引开，而师幼互动恰恰是早期教育工作最重要的方面。

记录多少？

记录多少取决于记录的目的和最符合记录目的的记录格式。当想要努力了解儿童是如何使用语言时，或者当想要描述儿童是如何利用材料解决问题，或者解决与另一名儿童之间的冲突时，记录表可能不会奏效。在这种情况下，教师需要进行更多的描述性记录。现实条件决定了描述性记录的长度。如果有时间，而且还能够做到不被打扰，教师要把儿童所说的和所做的全部记下来。如果是在观察事件结束后再记录，教师可能无法回忆起所有细节。在这种情况下，教师可以对儿童的行为进行概要性描述。在记录时，一些教师喜欢使用完整句表达和讲故事，另一些教师倾向于通过在纸上列举儿童的行为要点来呈现在观察中看到的重要内容。

在这里，我们介绍三种记录的方式。

- 即时记录
- 概要式记录
- 清单式记录

即时记录

这是一种有效的记录方式,但却不容易被施行,因为总有一些工作需要自己分心去做。所以,我们不建议教师经常使用这种记录方式。要想把即时记录做好,教师需要从日常活动中抽身出来并保证不被打扰,这样就可以在纸上把通过观察捕捉到的儿童所做和所说的全部内容写下来。因此,教师需要和同事协调好,确保在观察时班上的儿童能够得到很好的管理。如果教师喜欢打字,一台笔记本电脑对于完成这种类型的记录是很有帮助的,因为这种方式比利用记录表会记得更多。这种记录需要教师写得快或者打字快。教师可能需要找到一种速记的办法或者开发一套缩略词。很多教师在即时记录中会将儿童名字的第一个字母作为标识。在即时记录中,教师需要紧紧围绕焦点问题展开。设置一个期限,对观察所见进行如实记录,能够使这类记录工作完成得更好。15分钟是即时记录的时间上限,这样教师就不用筋疲力尽地去一直观察或长时间撰写记录。这里提供两个即时记录的案例。

普莉希拉(Priscylla)(2岁4个月)

她正坐在地板上玩形色乐。她用右手拿起一块正方形,把它放进正方形瓶口的容器里。她又用右手拿起一块圆形,放进了圆形瓶口的容器里。她又拿起一块三角形,把它放进了三角形瓶口的容器里。整个过程大约持续了两分钟。

斯凯(Skye)(4岁4个月)

她去了艺术区,拿了一张棕色的纸,用两只手把纸叠起来,然后用右手把蓝色的纸剪成一些小的长方形,把这些长方形放在折叠起来的棕色纸上。她拿着它们来到我面前，说："这是一本带有蓝色绷带的书。"回到艺术区，她将一张紫色的、轻薄的纸叠了起来，然后把这张纸打开再合上，重复了好几次。她在纸的一侧剪了一下，说："这架飞机飞不了了，这里有另外一架飞机。"回到桌子旁，她剪了一些报纸，然后说："大一点的绷带。"她拿了几张纸，按一个形状剪了起来。她剪了所有的纸，然后来到我面前说："这里有一些大一点的绷带，我把它们剪了下来。"她把它们和书、飞机一起放到了桌子上。回到艺术区，她拿了另一张紫色的纸、一支铅笔、一支蜡笔、胶水和一些纽扣。她把胶水瓶倒放，瓶底朝上。她用双手挤压胶水瓶，然后把胶水瓶瓶盖打开。她拿起胶水瓶，重重地敲在桌子上。她看着胶水瓶，用手指戳胶水瓶的尖。她再次尝试拧胶水瓶瓶盖，然后把胶水挤在了桌子上的报纸上。最后，她把纽扣粘在了紫色的纸上，开始画心形直升机……在她给我讲完自己的画以后，她说："我完成了，现在我要开始清理。"这一过程大约持续了15分钟。

概要式记录

即时记录通常比较长，尤其在当记录的事情发生过程历经较长一段时间时，就像斯凯的观察记录所展示的那样。一种记录儿童大量行为的省时方法是对儿童所做的和所说的进行概括。概要式记录在本质上仍然是真实和描述性的记录，但它并不包括儿童行为和言语的每个细节。相反，它记录的是要点。先前关于斯凯的观察记录非常长，而且非常详细。下面只用了四句话来概述斯凯的行为和言语。阅读它们，看看自己是否能够从描述中获得与前面同样的信息，并对她的能力有同样的理解。

斯凯（4岁4个月）

她去了艺术区，花了15分钟去叠纸和剪纸，剪的时候用的是右手。她把剪下来的形状放在叠好的纸上，然后告诉我："这是一本带有蓝色绷带的书。"她把一些纽扣粘在一张纸上，用挤和敲的方法让胶水流出来。她告诉我，她画的是心形直升机，然后说："我完成了。现在我要开始清理。"

这段概要式的记录短了很多。那些不重要的细节，如纸的颜色、叠和剪每张纸的具体步骤、打开胶水瓶瓶盖的操作顺序等，都被删掉了。被删掉的部分是一种判断，反映了记录者的价值取向。如果你是斯凯的老师，如果你认为她在探究胶水瓶时表现出来的耐心和不厌其烦的尝试是反映其不惧挫败地解决问题的重要指标，那么你可能会选择保留这部分信息。

概要式记录确实需要明确哪些需要被记录而哪些不需要被记录。但是，它们提供了一种更加有效地记录儿童行为的方式，能够使记录的信息聚焦于儿童的具体发展领域。该方法还适合对儿童在一段时间内展现出来的行为进行记录。下面的概要式记录呈现的是亚当（Adam）在日常生活中安慰自己的表现。

亚当（1岁）

亚当通过吮吸手指和用杯子、水来安慰自己。我已经在很多不同的场合中看到过他用这两种方式安慰自己。

清单式记录

一些教师发现，撰写观察记录的清单或要点与他们的个人思维风格有关系，这种记录也不是去写大量完整句或者讲更多有关观察记录的故事。正如在下面这个案例中所展示的，清单式记录尤其适合记录儿童所说的话或追踪儿童所从事的一系列活动。只要能够让教师看到清单，准确理解儿童正在做的事情，这种类型的记录就可以成为快速记录的一种有效方法。

戴维（1岁10个月）

今天戴维说："拉拉，Yello[1]，飞机，丹，tash[2]，bu[3] 和 marka[4]。"

杰西卡（4岁5个月）

在盥洗室，她等着上洗手间，和其他孩子在聊天。

她能独立上洗手间。

她能自己洗手，在不用提醒的情况下使用香皂。

她冲着教师大笑，拥抱教师。

她走到放着点心的桌子旁。

记录中应该包含多少细节？

高质量的观察记录应该是简洁的。好的观察记录应该包含足够多的事实信息。这样别人在阅读时，能够清楚地了解儿童的所有言行。这里提供了一则遗漏了一些关键细节的观察记录。

塔尼娅（Tanya）（3岁6个月）

塔尼娅出色地完成了把多个拼图组合并排成一列的任务。

在对其分析中，教师能够看到记录者使用了解释性的语言"出色地完成了"。相比这种表述，更好的记录方式应该是描述更多的细节，帮助教师了解"出色地完成了"具体指什么。这些细节可能包括如下内容。

---

[1] 本意指安吉洛（Angelo）。——译者注
[2] 本意指垃圾（trash）。——译者注
[3] 本意指蓝色（blue）。——译者注
[4] 本意指标记（marker）。——译者注

第四章 怎样能够保证观察记录的时间？

- 拼图的类型和在拼摆过程中遇到的困难。拼图有凸起的部分吗？是否有清晰的思路来说明拼图应该如何摆放？有没有清晰的提示来说明每块拼图应该放在哪里？装拼图的盒子里是否有图纸供她参考？她参考了吗？
- 拼图的数量是多少？
- 完成拼图的数量是多少？
- 塔尼娅是怎样拼摆的？独自完成的吗？和另一名儿童一起完成的吗？是在成人的帮助下完成的吗？
- 她用了多少时间？

下面是对塔尼娅进行观察记录的重写版本。该版本比最初的观察记录要长一些，但还没有特别长。现在，教师能够更清楚地了解塔尼娅是怎样玩拼图的了。

塔尼娅（3岁6个月）

　　塔尼娅来到放有拼图的桌子旁，在拼图板上用拼图摆了三组8~10块拼图的图案。然后，她取出一块由25块拼图构成的地板拼图，尝试着把它们拼在一起。她不断地回头看盒子上的图案，确定每块拼图应该摆放的位置。"我成功了！"拼完后，她大声宣布。

教师不必撰写非常冗长的观察记录，只需要记录那些重要的细节即可。观察记录的长度不等于质量。牢记这一点，将使教师在记录儿童行为时更有效地使用记录式语言。

◆ ◆ ◆

有很多种方法能够让教师既有时间做观察记录，又有时间与儿童进行充分互动。做好计划并确保计划的灵活性是观察记录取得成功的关键。在此过程中，教师能够尝试在不同的时间段内做观察记录，能够试验各种不同的方法并找到最适合自己的方法。后面，我们将介绍利用观察记录评价儿童的各种方法。

◆ ◆ ◆

反思

目的：思考哪些记录和反思的方法在自己所在的机构中是有效的。

行动：仔细考虑自己所在机构的特点。下面哪些时间能够在实际工作中被自己用来做记录？记住，不是只有一个时间段可供选择。

- 与儿童在一起时记录
- 事件结束后记录
- 在从日常活动中抽身时记录
- 个人反思时记录或者花5分钟时间和同事一起反思时记录

自己能够整合其中的一些时间吗？怎样和同事一起找到最适合的记录时间？

找到自己的观察风格

目的：确定什么类型的记录方式最符合自己的观察风格。

行动：在自己的经验体系中做记录，借助案例说明自己是如何运用我们讨论的每一种记录方式——即时记录、概要式记录、清单式记录以及通过快速检核记录表、简记记录表和小组活动记录表进行的记录。哪一种方式更能够反映自己的教学风格、组织风格、观察风格和记录风格？为什么？

第五章
怎样通过观察记录评价儿童？

在学会将观察聚焦于儿童并且能够越来越熟练地把观察记录融入儿童的日常生活之后，教师发现自己能够越来越清晰和经常性地看见活动中儿童的发展。撰写的观察记录和对观察所见进行的反思有助于教师更有效地与他人就儿童的发展情况进行沟通。教师能够具体说明儿童在活动中的表现是多么出色，能够确认儿童发展相对迟缓的领域，能够展示自己和同事是怎样制订课程计划以满足儿童发展需要的。家长、社会公众和政策制定者都期望看到早期教育对儿童发展产生积极影响的证据。利用观察记录获得的儿童发展信息将以一种真实的、对儿童友好的方式为其提供证据。

在通过观察评价儿童时，教师能够在观察到的儿童发展表现与儿童早期学习标准之间建立联系。这样，教师就能够通过自己的实践来增强对问责的回应，因为教师正在评价、课程和期望达成的目标之间建立有效联结，而这正是全美幼教协会（2009）在其发展适宜性课程的立场声明中所倡导的："在发展适宜性实践中，经验和评价是联结在一起的……两者应该统

戴安娜："我已经在幼儿园任教35年。我会经常观察儿童。现在，我看到正在发生的事情就会想：'噢，这个活动涉及的儿童发展领域是早期读写。''噢，这个活动涉及儿童发展的两个或三个不同的领域。'在如何观察儿童的问题上，我的思路越来越清晰了。"

安东:"观察有助于我了解儿童喜欢什么以及他们获得了怎样的最佳发展,所有这些都有助于我帮助他们达成个性化的学习和发展目标。如果没有观察,我就不能满足儿童的学习和发展需要,无法帮助他们达成学习和发展目标。"

一于机构期望儿童获得的发展水平或达成的目标上。如果不清楚每名儿童在达成儿童早期学习标准过程中所处的位置,教师就不能有目的地帮助儿童获得发展。"

正如我们所了解的,指向目标的评价被称作基于标准的评价。教师要做的是将儿童的学习和发展表现(自己看见的儿童正在做的和听见的儿童正在说的)与儿童早期学习标准比较,而不是拿一名儿童与另一名儿童比较。教师需要根据儿童早期学习标准或教育目标来追踪每名儿童的发展变化轨迹。这样,教师会对每名儿童的能力有所了解,能够有针对性地制订课程计划。评价儿童并不意味着测查儿童。儿童教育专家把评价定义为这样一个"两步走"的过程:首先,通过观察收集有关儿童的信息,收集儿童的作品或照片、家长的观点和一些测验的结果。其次,利用上述信息对儿童的发展特点做出判断,就如何为儿童提供适宜的教学和保育做出决策(NAEYC & NAECS/SDE, 2003; NAEYC, 2009)。

必须注意,测验仅仅是收集儿童发展信息的方法之一。太过依赖于测验来评价的问题在于,儿童的年龄越小,测验获得的信息可靠性越差。教师可能已经认识到,儿童不能够很好地根据要求进行持续性学习,不能够很轻松地完成纸笔类任务的学习。"要收集有关儿童学习与发展的有效信息,可能会面临以下现实问题带来的挑战:他们的成长变化是非常迅速的,他们的发展是不平衡的,他们的注意力很容易分散。"(Copple & Bredekamp, 2009)

伊丽莎白:"观察儿童并记录他们的行为,有助于我依据发展适宜性目标来评价儿

对儿童在真实任务中的表现进行观察,使教师能够更真实地了解儿童各方面的能力发展状况。这是一种真实的测量,该方法反映的是儿童在现实生活中的具体行为表现,而非那些非自然的行为表现和由成人设计的、儿童并不熟悉的学习任务。在熟悉的环境中参与有趣的、可以亲身体验的活动有

助于儿童感到舒适和放松。在这种情况下，儿童对物体的操作、对概念的认知和对词汇的运用都能够更加准确地反映其真实能力。持续观察能够让教师见证儿童学习与发展表现的发生频率，评估儿童在活动中获得的技能是否真正体现在了他们的全面发展过程中，同时了解这些技能是刚刚开始的还是尚未萌发的。

童，判断儿童已经取得了哪些进步，基于他们当前表现出来的发展水平制定个别化教育目标。"

"评价（asses）"一词来源于拉丁语动词"assidere"，意思是"坐在一起（sit with）"。在实施评价时，教师和儿童"坐在一起"。在评价儿童时，教师需要在儿童身边。评价就是教师和儿童在一起并为了儿童所做的那件事，而不是教师对儿童所做的事（Wiggins，1993；Kendall，1996）。在当今这样一个太过频繁强调对公立学校进行问责和高风险评估的时代，量化取向的标准化测验结果常被用来筛选哪些儿童是成功的、哪些儿童是失败的。和儿童"坐在一起"并观察他们行为的重要性已丧失殆尽。现在，对评价的经典解释是判断儿童的行为表现是否达到了某个标准或某个年龄段的平均水平。如果没有达到，就说明该机构未给予儿童适宜的教育。

在早期教育领域，专业化的建议是强调回归"评价"一词的本义，即和儿童"坐在一起"并观察他们，了解他们能够做什么。这种评价通常是"真实的"（真实性评价）。教师不必为评价工作的开展安排特定的时间或任务，而是在儿童每天游戏时、活动时或在一日生活中对他们进行观察。教师对观察到的一部分儿童行为进行记录，并将这些行为与合理的、被广泛认可的标准加以对照。

任何一个儿童早期学习标准的目标达成都不能单纯依赖于某一种评价方法。获取有价值信息的来源包括观察儿童、对儿童行为的检核、以"临床访谈"的方式和儿童交谈（一种延伸性对话，通过这种对话，成人力图去识别儿童对一些问题的概念化理解或使用的问题解决策略）、个别化管理评价以及与儿童家长沟通。与儿童有关的信息必须在不同的机构中和不同的背景下进行收集（Copple & Bredekamp，2009）。

在附录中，本书推荐了一些有关儿童发展评价的额外信息。我们希望这些信息能够为教师提供帮助，引导教师把观察儿童作为收集信息和评价儿童发展的主要方法。

儿童如何展示他们知道了什么以及能够做什么？

如果测验不是儿童展示其行为表现的最佳途径，那么他们是如何展示自己能够做什么和不能够做什么的？他们通过以下方式展示自己的能力。

- 游戏和探究
- 在园生活
- 教师设计的活动

教师可以在这些不同的情境中观察儿童，了解他们是如何展示自己掌握的技能、对概念的理解以及整体发展水平。

游戏和探究

通过游戏和探究，儿童能够持续不断地澄清和拓展自己对外部世界的理解，学习新的概念，重新思考已经掌握的概念。来自不同领域的最新研究成果证实了游戏作为儿童学习工具的重要性（Isenberg & Quisenberry，2002；Ginsburg，2007；Wenner，2009）。婴儿坐在成人腿上摆弄自己的脚趾，嘴里发出咿咿呀呀声和尖叫声，这说明他们对自己的身体有了最初步的意识，开始与熟悉的成人建立稳定关系。经典游戏，如躲猫猫和拍手，可作为吸引儿童注意力的方法，有助于他们了解客体永久性并练习精细动作控制能力。学步儿一次又一次地把积木垒起来再推倒，说明其在练习控制和平衡物体的能力。在游戏中，他们也在感受重力的连贯性。摁下活动板上的按钮或转动旋钮使其发出声音，儿童在此过程中会认为自己是有能力的。年幼的儿童在生活区模仿家庭日常生活的典型行为，把他们对家庭生活的理解表现出来。年长的儿童会通过更复杂的游戏来展现自己掌握的已有经验。如为了计划一次野营旅行，他们会进行角色分工，用各种材料来代表野营旅行所需的各种补给。游戏占据了儿童活动的绝大多数时间，儿童的能力随着其成长不断提高。

儿童自主确定的游戏主题有助于游戏活动持续更长的时间，有助于发展儿童致力于完成某项任务的能力。在以儿童感兴趣的方式观察儿童游戏时，教师将掌握更多的信息，将更深层次地认识儿童。

游戏还反映儿童对文化和社会的理解，使教师能够清晰地了解影响儿童活动的各种因素。如儿童在娃娃家中展现出的对家庭生活的各种表征，反映了他们具有的家庭教育观、价值观、传统习俗。

约迪："在游戏中观察儿童时，你会看到他们的学习风格，看到他们对什么感兴趣以及他们正在学习什么。你能够观察到他们在活动室内是怎样使用材料的，观察到他们对事物的理解达到了什么程度、他们的游戏复杂到了什么程度。"

在园生活

每天给儿童洗手、给他们准备餐点、组织儿童参加集体活动、给儿童穿上外套去参加户外活动，这些都是观察儿童的重要机会，它们能够让教师对他们了解更多。在婴儿和学步儿下车或和他们的父母分离时进行观察，在他们进食、换尿布或

瓦莱丽："在观察某名儿童时，我会根据针对他的个别化教育计划锁定需要关注的发展领域，尽可

能为他提供参加自主活动的机会。自主活动包括允许他们在活动室内自由活动；进餐和饮水；如厕和进行基本的着装能力练习；把他们的愿望和需要告诉别人；与同伴和成人互动。"

午睡时进行观察，这些都为评价儿童提供了信息。当儿童在一日生活中参加各种活动时，教师会对他各方面的能力、正在发展的独立性、自我意识和个性特点有更多的了解。在观察时，教师还可以透过日常生活看到儿童背后的文化差异和家庭教养方式的不同。儿童在家庭中的进餐习惯可能不同于在园。安抚儿童入睡的方式也会因家庭不同而存在差异。对于不同儿童来说，甚至连入园时与家庭成员的告别方式也是不同的。

教师设计的活动

罗宾："很长一段时间以来，我和搭档都是根据我们想要看到的儿童行为来设计活动。这样做确实很有好处。如果想要了解班上孩子的配对技能，我们就会组织一次配对游戏。我们邀请孩子加入我们的小组，和我们一起做游戏。这样，我们可以观察到他们在什么时候是小组活动、在什么时候是个体活动。在孩子离园后，我们会结合观察到的儿童行为进行讨论和交流。"

观察儿童参与教师设计活动的情况，有助于教师更了解儿童的发展状况，引导教师为儿童设计学习活动。为儿童设计一系列特定的学习活动是成为一名教师的必要条件。有时候，教师会为儿童选择特定的活动材料。教师可能会为学步儿提供积木，要求其搭建。或者，教师可能会为儿童提供大米和豆子，要求其称量，以供午餐时使用。教师可能需要和儿童一起工作，工作任务聚焦在某一项认知技能上，如进行颜色配对或了解自己的名字。教师可以把设计的活动与儿童的兴趣结合，如用小鸟贴纸玩计数游戏，目的是引导儿童对操场上放置的鸟窝产生兴趣。当教师在自己设计的活动中观察儿童时，教师就能看到儿童在认知、身体动作、社会性和情感等方面取得的成就。通过观察儿童，教师能够判断他们展示出的、更为综合的认知发展阶段特点或社会性、情感能力发展特点。

评定儿童所处的认知发展阶段

在儿童是如何学会思考的问题上，让·皮亚杰（Jean Piaget）被认为是最著名的研究者之一。他的理论观点是，儿童是在与外部物质世界和其他儿童的互动中逐渐建构自己的认知和理解的。他确信儿童有待完成的、重要的各项认知发展任务，强调儿童需要充足的时间来练习和整合这些认知概念。在儿童早期，我们的宗旨是了解儿童认知发展的最初两个阶段。婴儿和学步儿处于感知运动阶段。探究和与物体、他人直接接触是这一阶段认知发展的主要任务。儿童认知发展任务的完成借助于动作和自身感官。幼儿园和小学低年级儿童处于前运算阶段。表演游戏、语言表征和创造力培养是这一阶段儿童的认知发展任务。他们通过尝试错误来解决问题并获得语言发展。

下面展示了关于两名游戏中儿童的行为观察记录。第一个是学步儿，第二个是幼儿园孩子。阅读关于他们的观察记录，根据其表现出来的行为判断他们处于皮亚杰提出的认知发展阶段的哪个时期，分析儿童表现出来的行为以及与他人的互动情况，说明儿童的认知发展任务主要是什么。

沃利（Wally）（2岁5个月）

沃利向着墙上一面巨大的、由树脂玻璃制成的落地镜子跑去。他跑到镜子前，身体前倾，高举起双手，拍打着镜子。我们从镜子里看到，他在开心地笑并尖叫着。他笑着转了个身，一下子扑到一堆枕头上，大笑起来（Klein，Wirth & Linas，2003）。

丹尼尔（Daniel）（4岁10个月）

丹尼尔选择去表演区玩邮局游戏。他穿上了一件邮递员的制服。特雷霍（Trejo）扮成了一名邮递员并挎上了邮包。丹尼尔站在邮局的柜台前，负责分发邮票。他告诉另外两个孩子，一个人做妈妈，另一个人做爸爸。他们在柜台后面玩起了邮票。"你们应该是妈妈和爸爸。喂，你们应该是妈妈和爸爸。喂，老师，我正在努力地告诉他们，要扮演妈妈和爸爸。"他把特雷霍从柜台后面推出去。丹尼尔的音量提高了："喂，你不应该是工作人员，我是工作人员。"当他们开始互相推对方的时候，教师介入了。教师问丹尼尔："发生了什么事？""他不是工作人员，他不应该待在这里。"教师接着问："他在做什么？""他想留在这里。他想当工作人员。"教师说："你有没有问过他想做什么？你刚才是不是告诉他要做什么？"丹尼尔改变了自己的声调，声音轻柔了许多，不再喊叫了，轻声问："哎，你想当工作人员吗？"特雷霍答道："不。"丹尼尔接着说："那你来收取邮件，我来当工作人员。"特雷霍从身上取下了邮包，然后说："我不想干这个。"丹尼尔捡起了邮包，说："好，我负责收取邮件，你来当工作人员。"于是，他们交换了游戏角色。

沃利正处于感知运动阶段，他非常明显地在通过自己的身体动作来感知外部世界。他正在和所处的外部环境做游戏，如看着镜子、用自己的身体进行试验。丹尼尔已经发展到了前运算阶段，能够即兴创作和表现自己对邮局及工作人员的理解。

观察儿童并确认他们所处的认知发展阶段，有助于根据他们的发展水平满足其发展需要，有助于设计与他们所处的认知发展阶段相适应的教育活动。学步儿处于感知运动阶段，对画一个像某种东西的活动不感兴趣。相反，他们对用记号笔或粉笔在纸上涂涂画画以及颜料的质地感兴趣。他们关注的是过程和感觉信息。幼儿园孩子处于前运算阶段，他们已经准备好去尝试画一些真实的物体，并且有可能很享受这样的过程。评定儿童所处的认知发展阶段，有助于使教师设计的活动更好地匹配其对儿童的期望，从而让儿童体验到成功。

评定儿童所处的认知发展阶段还有助于教师懂得，为了促进儿童各项技能的发展，教师可以对儿童提出何种程度的挑战。列维·维果斯基（Lev

Vygotsky）指出，儿童在各领域的学习都是在其最近发展区内发生的。在该区域内，儿童不具备成功完成某项任务的技能，而必须在他人的支持下才能够完美地完成。通过观察来确认每名儿童的最近发展区，有助于教师随时准备去为儿童的发展提供支持。教师不应该通过那些对于儿童来说太具有挑战性的活动来挎垮他们，而是应该为每名儿童提供恰如其分的挑战机会。后面，我们还会就最近发展区的问题做进一步讨论。

评定儿童的社会性和情感水平

儿童的社会性和情感能力的发展是其生命的重要组成部分。艾瑞克·埃里克森（Erik Erikson）明确了这些能力在发展过程中历经的不同阶段。

- 信任。婴儿期的第一项重要任务是信任感的建立以及与他人之间信任关系的建立
- 自主性。在信任感建立以后，学步儿便能够摆脱对成人的依赖，从与父母或主要照看者之间建立的爱和亲密关系中独立出来，这种爱和亲密关系正是每个人社会性和情感能力发展的基础
- 主动性。幼儿园孩子开始用他们自己的观点来思考和理解周围的世界。主动性对于儿童健康个性的发展来说至关重要。在受到成人的鼓励和支持时，儿童便能够不断地发展自身能力，掌控自己的世界

在日常生活和游戏中观察儿童的行为，有助于教师判断他们的社会性和情感能力处于哪个发展阶段。观察儿童的信任感、自主性和主动性获得情况，将使教师对他们探究世界的方式有更多了解。

缺乏信任感的儿童可能不会去尝试新事物或者冒险。教师会发现，想要更多地了解他们的认知能力是比较困难的，因为他们会犹豫要不要玩对物体进行分类的游戏，或者要不要和教师一起阅读一本书。其中重要一步是与

这类儿童建立关系，使他们能够获得更多的舒适感，这样他们才会向教师展示他们能够做什么。对于那些主动性相当强的儿童来说，他们通常会比较吵闹，精力旺盛，对自己的能力充满信心。他们对世界的控制感是强烈的。认识到这一点，有助于教师和同事以新的眼光来看待儿童，找到引导儿童释放充沛精力的方法。

阅读下面的观察记录，分析儿童采用了哪些方法来建立信任感、发展自主性和主动性。他们正在学习掌控什么？

卡莱布（Caleb）（2岁）

卡莱布的父母不住在镇上，所以每天早上他都是由祖父母送到幼儿园。教师把卡莱布抱过来后，祖父母就离开了。卡莱布给了教师一个拥抱。他的祖父母说："祝你今天愉快。"卡莱布和他们亲吻告别。他哭了一小会儿，然后继续抱着教师。

保罗（Paul）（5岁2个月）

今天在户外活动时，保罗和朋友们一起在沙箱挖沙子。"黛比（Debbie）老师，看我们在做什么？"保罗问我。保罗继续挖着沙子，说："我们正在帮助土拨鼠把沙子弄进洞里，是要填满吗？"保罗问他的朋友。他的朋友答道："当然。"保罗继续对朋友说："这些洞是非常容易填的。我们正在填那些更深的洞。"他用沙子把桶填满后说："这样就对了。"当保罗往桶里又多装了一些沙子后，他脸上绽放出灿烂的笑容，眼睛睁得大大的，说："嘿，我可以看见沙箱的底部了！"

卡莱布正在发展信任感和自主性。他已经能够和自己所爱的人分离。尽管他还是会流泪，但是他能够被家人安慰好。保罗展示了他的主动性和所取得的成就。他通过填和挖沙子，坚持完成了自己的计划。在挖到沙箱底部的时候，那种兴奋感是显而易见的。

第五章　怎样通过观察记录评价儿童？　87

有时候，借助于观察对儿童正在开展的游戏类型进行分析，有助于教师对儿童的已有社会经验有更多了解，而这些游戏类型最早是由米尔德里德·帕顿（Mildred Parten）在1932年提出的。教师会看到儿童正在从事下面某种类型的游戏。

- 独自游戏：儿童独立于他人之外，独自开展游戏
- 旁观游戏：儿童看别人游戏，表现出兴趣但并不参与
- 平行游戏：儿童在其他儿童的旁边游戏，彼此之间并未产生真正的互动，常见于年龄较大的学步儿和幼儿园孩子的游戏中
- 联合游戏：儿童自己的游戏与其他儿童的游戏之间产生更多联系。他想要和同伴互动，想要一起设计游戏情节。教师会看到儿童和同伴一起游戏。但是，游戏是随机的，游戏者之间并没有建立系统的游戏计划
- 合作游戏：两名或者更多的儿童会围绕一个共同的主题开展游戏。他们的集体归属感非常强烈。儿童在游戏中有特定的角色。这一类型的游戏是儿童进入下一阶段游戏的先导。下一阶段游戏是按规则组织起来的游戏，通常出现在儿童期中期

教师可以通过观察判断自己看到的游戏属于上述游戏类型中的哪一种。有时候，一名学步儿在加入到玩水游戏之前可能会先观察其他儿童的行为，这表示他处于旁观游戏的阶段。幼儿园孩子可能在同伴身边搭建积木，互相模仿并相互有语言交流，如"看我的"，但他们并没有一致的游戏计划或主题，所以他们的游戏可以被看作是平行游戏或联合游戏。阅读下面的观察记录，分析游戏的类型是什么。

索菲亚（Sophie）（4岁2个月），尼古拉斯（Nicholas）（4岁7个月），伊茜（Issy）（4岁），尼娜（Nina）（4岁10个月）

"去拿一些松饼来，我们马上要上车了。"索菲亚命令尼古拉

斯。她和伊茜手拉着手，跑到滑梯旁边。在滑梯下面，车子正等着他们。他们的计划是离开这里。

尼古拉斯跑了回来。他摊开双手，说："这是松饼。"他边说边假装递给索菲亚和伊茜每人一片温热的、涂了黄油的松饼。"我得去开车了。"他说完后坐到了驾驶员的座位上。

索菲亚和伊茜都向后挪动了一下，以便给对方腾出空间。尼古拉斯坐在驾驶员的座位上，双手向前伸出，握住一个看不见的方向盘。孩子们把双手放在前面人的肩膀上，由三名儿童组成的一列纵队形成了。

"我可以和你们一起吗？"在车子要出发的时候，尼娜叫着跑了过来。"当然！"索菲亚喊道，"从后面上车吧。"尼娜加入了进来。伴随着发动机的轰鸣声，他们越开越远（Klein，Wirth & Linas，2003）。

索菲亚、尼古拉斯、伊茜和尼娜共同进行了一个合作游戏。在游戏中，他们发挥想象力，共同制订游戏计划。

将观察式评价与儿童早期学习标准相联系

在观察儿童时，正如我们所描述的，教师可以从更广阔的视角去评价儿童的认知、社会性和情感能力的发展状况。此外，教师还可以把儿童所表现出来的行为与自己所在地区的儿童早期学习标准相联系。正如我们在前面提到的，美国很多地区已经出台了儿童早期学习标准，而且很多地区还出台了针对婴儿和学步儿的学习标准。这些政策文件可被视为观察评价儿童的基础。它们提供了评价儿童的标准，教师每天借此可以思考儿童能够做什么。美国一些地区的儿童早期学习标准还包含了许多具体的评价项目，很多教师觉得它太过于繁杂，无法真正做到评定儿童在学习标准每个项目上的具体表现。所以，我们建议教师选择一套内容相对精简、能够反映基本指标的跨领域儿童早期学习标准。如在美国新墨西哥州，其标准共有65条儿童早期学习评价指标，但教师可以只选取其中的23条作为评价儿童发展的重要指标。

有两种方法可以帮助教师找到观察儿童的聚焦点并收集与儿童早期学习标准相关的儿童发展信息。在观察时，教师既可以聚焦于儿童发展的多个领域，也可以聚焦于儿童发展的某些特定技能。

聚焦于儿童发展的多个领域

回顾一下前面提到的安琪儿在餐点活动中的行为表现。透过她的行为表现，教师可以看到她在主要发展领域的具体表现。当儿童参与到日常生活、游戏、探究中时，他们会展示出与儿童早期学习标准相关的各种能力。通过为一日生活中的这些活动制订有目的的观察计划，教师能够收集很多重要的儿童发展评价信息。此外，教师还可以设计一些特别的活动并投放相应的材料，观察儿童在学习标准所关注的各个方面表现出来的学习与发展行为。

安东："无论是在活动室内还是在户外，我都会随身携带便笺，随时记录观察要点。当儿童不在身边时，我也能够根据观察要点及时补充观察细节，按照学习与发展领域对观察内容进行分类。"

根据我们对儿童早期学习标准的认识，我们早已注意到，美国绝大多数儿童早期学习标准在儿童学习与发展领域的划分上有很多相似之处。如针对幼儿园孩子的标准通常关注创造性艺术、数学、科学、语言和早期读写能力、身体发展与健康、社会性和情感能力、社会性学习和学习方式等；针对婴儿和学步儿的学习标准倾向于聚焦自我和社会性认知、沟通与交流、概念建构、动作和操作以及学习方式等。教师们认识到，在上述每个发展领域中，儿童都在以不同的方式展示自己的能力。

下面这则观察记录描述的是一名婴儿在喂养时间出现的

行为表现。阅读后说明自己对婴儿能够做什么的认识有多少。然后，以美国新墨西哥州婴儿和学步儿学习标准的评价指标为参照，判断婴儿在这些学习与发展领域的具体表现。

艾丽莎（Elisha）（7个月）

午餐时，艾丽莎坐在椅子上，教师喂她吃苹果沙司。吃的时候，她的眼睛并没有看着勺子，而是扭头看其他地方。教师叫了她的名字。她转了过来，咿咿呀呀地说着、笑着。她抢过勺子，紧紧抓在手里。然后，她继续咿咿呀呀地说着，看着教师。教师抓住她的手，用勺子继续喂她吃苹果沙司。

在上述观察记录中，我们看到了艾丽莎在以下儿童学习与发展指标上的表现。

- 了解自我，认识他人：表达情感；参与互动
- 与人沟通和交流：能够用语言交流并做出回应；能够发出咕咕声和咿咿呀呀的声音；能够在社交情境中将声音作为交往手段
- 通过动作和操作探究外部世界：用手、脚与物体、他人发生关系

下一则观察记录源于教师对幼儿园孩子的表演游戏的观察。阅读后说明自己对案例中儿童能够做什么的认识有多少，然后参照美国蒙大拿州儿童早期学习标准，判断儿童在这些学习与发展领域的表现如何。

加布里埃尔（Gabriella）（3岁8个月）

加布里埃尔站在收银台旁，他那里是一家商店。一名儿童走了进来，选了一顶消防头盔。加布里埃尔说："这顶消防头盔是89元，88元，88元，88元，就这样吧。"说这些话的同时，他在写字板上写下了这些数字。他从收银台里拿了一些钱给了这个孩子，说：

"这是给你的 2 元钱。"然后,他又写了点东西并说道:"我要在这里写上'加布里埃尔'。"

从上述观察记录中,我们看到加布里埃尔在以下儿童学习与发展指标上的表现。

- 数学和计算能力:数量关系;学会根据日常生活经验理解数的意义
- 语言和读写能力:文字意识,借助于符号和字、词获得对文字所承载信息的理解;表达性语言,运用字、词来理解他人的需要、提问并表达情感和解决问题
- 社会性和情感能力:自我感知;在自己独特能力的形成过程中培养自信心
- 社会性学习:群体意识;开始理解群体功能的基本原则,包括理解工作角色和钱对于购买行为的重要性

聚焦于儿童发展的某些特定技能

如果教师的目标是收集班上每名儿童在儿童早期学习标准要求的所有领域的发展信息,那么教师可以通过观察儿童这一综合性的方法来实现。正如在前面所描述的,教师可以聚焦于儿童在某个领域的发展或某个技能的发展。教师可能想要捕捉儿童是怎样运用语言与他人进行沟通交流的,或者想要了解某名儿童是怎样展示自己不断发展的大肌肉动作协调能力的。教师和同事需要共同确定一个焦点,制订具体的观察以及课程计划。下面提供两则焦点明确的观察记录。对于杰西(Jesus)来说,教师密切观察的是他正在发展的社会性技能。对于吉纳维芙(Genevieve)来说,观察的焦点是她的问题解决技能。

杰西(2岁2个月)

自由游戏时,杰西用玩具车碰了安琪儿一下。然后,他又把车

转向了另一个孩子。这个孩子被碰倒在地，哭了。杰西跑到这个孩子跟前，在他还躺在地上的时候拥抱了他一下，然后又咿咿呀呀地跟他说了些什么，最后把他扶了起来。这个孩子不哭了，他们又继续玩。

对于杰西的社会性技能，我们了解到了什么？

- 社会性发展：能够和其他儿童一起游戏并表现出移情能力

吉纳维芙（3岁4个月）

  吉纳维芙正在水桌旁玩鹅卵石。她在篮子里装满鹅卵石，然后又一次一次地把它们倒出来。她把鹅卵石往小一些的容器里装，努力想要放更多的鹅卵石。然后，她试着把鹅卵石从大调羹里倒进小茶匙里，如此反复地进行了好多次。在努力往小容器里装更多鹅卵石的过程中，她也会偶尔把鹅卵石放下。

对于吉纳维芙的问题解决技能，我们了解到了什么？

- 学习品质：通过观察认识和解决问题；主动探究；尝试错误；和同伴及成人进行互动和讨论

  在进行有关发展领域和特定技能的观察记录时，教师要去了解，关于这名儿童，自己收集到了哪些信息。这里，我们为教师提供一套有关每名儿童发展的、完整且全面的记录方式。教师一定不要遗漏任何一个领域和任何一项发展技能。一些教师发现，信息收集记录表（见表5-1）能够帮助他们完成对儿童在各领域的发展状况进行观察的任务。信息收集记录表可用于教师对每名儿童的观察。只要看一眼，教师就能够看出哪名儿童在哪个领域的发展信息被遗漏了。

表5-1　信息收集记录表

姓名	领域	领域	领域	领域	领域	领域	领域
	收集日期	收集日期	收集日期	收集日期	收集日期	收集日期	收集日期

教师：_____　　收集日期：_____

值得注意的问题

有时候，被记录的儿童行为恰好反映了教师最关注的方面。如果教师不去关注、不去追踪了解儿童发展的哪些领域被观察到了，那么一些领域就可能会被遗漏，而另一些领域则可能会被过度强调。有时候，儿童行为本身会影响到什么内容会被记录，尤其是在困难出现的时候。还记得我们在前面对教师自身固有的偏见和看待儿童视角的讨论吗？在基于评价目的进行观察时，重要的一点是要意识到潜在的、存在于观察过程中的负面因素。

下面这则观察记录是关于儿童数学技能掌握情况的。它里面包含了关于儿童数学技能掌握的相关信息吗？自己来判断一下。

杰伊（Jay）（4岁10个月）

杰伊并没有坐在数学桌旁的位子上。相反，他要么从椅子上跳起来，要么横躺在桌子上。最终，他并没有参与到数学活动中。他把计数器堆成一堆，然后又把它们推倒，大笑了起来。

该记录没有包含任何有关杰伊数学技能掌握情况的信息，是不是这样呢？它只是描述了杰伊在一次数学活动中的具体行为表现。当然，杰伊的行为本身也需要被关注。教师应该采取一些干预措施，努力帮助他专注在自己正在从事的活动上。同时，教师也应该特别注意在各种活动中收集到的关于杰伊算术能力（或其他数学能力）的相关信息，以确保对他来说非常重要的那些发展领域没有被漏掉。可能杰伊清楚地知道班上的小朋友每天谁第一个到园、谁是第二个。或者他可能每天早上会帮助教师统计小朋友的出勤率和缺勤率。让杰伊帮助整理桌面，记录他是怎样把一个杯子、一张餐巾纸、一个盘子对应着一把椅子来进行摆放的，这也成为我们对他进行一一对应数概念掌握情况做出评价的重要依据。

为避免遗漏某个学习领域，教师需要时常查看自己为每名儿童所做的观察记录。教师应该了解儿童发展的所有领域。就幼儿园孩子而言，记录内容涵盖他们的行为表现、数学和问题解决技能、语言、社会性、早期读写、创造性、小肌肉和大肌肉动作发展等。就婴儿和学步儿而言，记录内容涵盖他们与家人的分离、依恋、自我安慰、社会性与情感发展的需要、探究周围环境的技能等。

观察记录是评价儿童社会性和情感发展的重要工具。当儿童出现不良行为时，如实地对其行为进行描述是困难的，但这样做又是非常重要的。做一下深呼吸，等心情平静下来以后再去做记录，找机会回顾事件发生的全过程，这有助于教师去客观记录儿童所说的话和所做的事，思考教师和同事应该采取什么样的干预措施。后面，我们会更加密切地关注如何利用观察去探究儿童行为背后的原因，以便做出更有效的回应。

在观察结果与儿童发展检核表或其他评价工具之间建立联结

为了了解儿童需要具备的不同能力以及不同年龄段儿童的发展水平，教师可以借助儿童发展检核表等参考资源。表5-2呈现了诸多参考资源，这些参考资源大多与美国各地的儿童早期学习标准有关。

表5-2　儿童发展检核表或其他评价工具（举例）

婴儿和学步儿	出生~5岁	3~5岁	3岁~五年级
盎司等级评定量表①	儿童发展里程碑② 婴幼儿评定、评价和程序设计系统③	儿童早期学习等级评定量表④ 高瞻儿童观察记录表⑤	作品取样系统⑥

---

① *The Ounce Scale*（Meisels et al., 2003）——译者注
② Developmental Milestones Charts in *Focused Portfolios*：*A Complete Assessment for the Young Child*（Gronlund et al., 2001）——译者注
③ *Assessment, Evaluation, and Programming System*（AEPS）*for Infants and Children*（Bricker et al., 1997）——译者注
④ *The Early Learning Scale* Guidebook（Riley-Ayers et al., 2011）——译者注
⑤ *The High/Scope Child Observation Record*（High/Scope, 2003）——译者注
⑥ *The Work Sampling System Developmental Guidelines*（Dichtelmiller et al., 2004）——译者注

续表

婴儿和学步儿	出生~5岁	3~5岁	3岁~五年级
		教学策略金律：出生至幼儿园阶段儿童评价工具箱①	

这些参考资源提供了对不同年龄段儿童在各领域发展的合理期望的相关信息。其中一些参考资源的内容十分具体。部分参考资源按照时间顺序进行编排，部分参考资源包含了儿童发展检核表或者基于网络的其他各种资源。此外，这些参考资源还考虑到儿童行为表现所反映的文化和社会经济地位差异，从而以不对任何群体抱有偏见的方式提供儿童发展信息。所有这些儿童发展检核表都可用于评价儿童的活动。观察儿童行为并做好记录，在某个时间段内将观察结果与儿童发展检核表或其他参考资源进行对照，判断儿童行为反映出的发展水平是什么样的。

下面提供一些案例，说明教师应该如何将观察结果与儿童发展检核表等参考资源进行联结，从而评价儿童各项能力的发展状况。

儿童早期学习等级评定量表

当儿童在自己的本子上进行写写画画时，教师迪翁（Dionne）和菲利普（Phillip）开始在活动室内巡回走动。他们和儿童交谈，问开放式问题，在儿童口述时主动帮他们记录，鼓励会写字的儿童自己记录。迪翁和菲利普随身携带着写字板和记录表。儿童的名字已经列在上面，紧挨着名字的空白处可简略记录1~2条观察条目。依据使用的儿童发展评价工具——儿童早期学习等级评定量表——中的语言发展和早期读写能力发展的评价标准，两名教师正在记录儿童是怎样表现出以下这些行为的。

---

① Teaching Strategies GOLD：Birth through Kindergarten Assessment（Berke et al., 2010）——译者注

- 字母意识（包括字母识认）
- 书面语言（包括认识到书面语言是有意义的，培养初步的书面语言识别能力）
- 书写（包括书写服务于某个目的的书面符号）
- 作品（包括类似于书信、姓名等形式的作品）

教师注意到，一些儿童不认识任何字母，也不能理解书面语言所承载的意义，另一些儿童则能够认识一些字母，理解文字是由字母组成的。他们观察了儿童乱写乱画、写单个字母、写一串字母、写名字的全过程。

在将观察记录进行比较时，他们依据儿童早期学习等级评定量表中的评价指标判断儿童的发展水平并制订教育计划，促进每名儿童在书写和书面语言意识等方面获得进一步发展。

作品取样系统

教师帕姆和琳达（Linda）任教于某所幼儿园的同一班级。她们每个周末都聚在一起，共同制订下周的教育计划。作为制订教育计划的一部分，她们会一起回顾观察到的儿童行为，包括儿童在教师组织活动中的行为和儿童在自主探究活动中的行为。帕姆注意到，很多儿童都加入到了积木游戏中，而且把积木游戏和关于海盗、船和隐藏宝藏的角色游戏结合在一起。儿童用最大块的积木造了一艘海盗船，用小汽车的方向盘做了海盗船的舵轮。为了在游戏中扮演不同的角色，他们还制作了各种道具服装和帽子。在回忆到儿童讨论海盗应该采取什么行动并且激动地大喊"哎嘿，朋友"使用的语言时，她俩大笑起来。

帕姆和琳达在笔记本上写下她们的讨论内容。在讨论观察记录时，她们意识到自己对儿童各方面的能力发展有了更多的了解。他们对照作品取样系统，认为自己可以把记录的内容作为证据，在儿童发展检核表的下列评价项目上做出评判。

- 学习方式（表现性指标C.3）：能够灵活地、创造性地解决问题
- 与他人互动（表现性指标D.1）：能够轻松地与一名或多名儿童互动
- 语言表达（表现性指标B.2）：能够出于不同目的而运用扩展式词汇和语言
- 大肌肉动作发展（表现性指标A.1）：在运动时具有一定的平衡和控制能力

帕姆和琳达仔细研究了她们所观察的这组儿童，根据他们在海盗游戏中的行为表现，在儿童发展检核表上进行了相应的评分。作品取样系统的评分选项包括"尚未达到""发展中"和"精通"。就马瑞奥（Mario）而言，他在组织和建造海盗船的活动中表现出了卓越的领导力，还帮助大家依次确定在海盗游戏中的角色并设计游戏情节，所以教师在他各项评价指标上都标注了"精通"。就艾莉西亚（Alicia）而言，她一直在远处观望，直到在马瑞奥给了她具体的指导后才加入游戏，而且在整个游戏过程中并没有说太多话，因此她在绝大多数发展指标上被评定为"发展中"。帕姆和琳达非常仔细、清楚地研究了每名儿童在角色游戏中的行为表现。她们决定下周更密切地观察这组儿童的游戏表现，了解他们在这些领域的更多行为表现。

婴幼儿评定、评价和程序设计系统

教师莎拉（Sarah）和胡安妮塔（Juanita）决定对班上两岁儿童的精细动作技能发展状况进行观察。她们运用婴幼儿评定、评价和程序设计系统来确定对儿童各项发展成就的合理期望。关于儿童的精细动作发展，她们发现该系统的A指标有一项为"伸出、抓住、放开"，具体体现在目标4上，"能够用任何一只手的食指指尖和拇指抓住豌豆大小的物体，并且不用把手和手臂放在桌面上作为支撑"。在该系统的B指标中，有一项为"精细动作技能的

功能性运用"，具体体现在目标2上，"能够把多个零部件装配在一起，组装成玩具等物品"。

为了观察儿童在这两个目标上的行为表现，她们在餐点时间准备了豌豆，进而去观察儿童是怎样用镊子抓起这些豌豆的。由于笔记板和钢笔就在手边，所以她们随手记录了每名儿童为了夹起豌豆而付出的努力。餐后，她们在桌上摆出了串珠、绳子和一些旋钮式的拼图，然后和儿童坐在一起并再次拿起笔记板，把儿童的穿珠能力和拼图能力记录下来。在儿童离园后，莎拉和胡安妮塔围绕上述两个发展目标，对每名儿童的操作结果进行评分。评分标准如下。

- 2=两项任务均顺利完成
- 1=一项任务完成，另一项未完成
- 0=任务失败

儿童完成任务的情况也做了评分。评分标准如下。

- A=在他人的帮助下完成
- B=操作行为受到干扰
- C=报告式评价
- D=修正或调整
- E=直接尝试

莎拉和胡安妮塔仔细研究了每名儿童的精细动作技能发展水平，在评价表中也做出了相应评分。

选择一种评价工具并据此对观察记录获得的信息进行评价

早期教育机构的工作者和管理者都会选择一套最符合本机构要求的儿

童发展评价工具。出于问责的目的，美国一些地区的早期教育机构会被告知应该使用哪种儿童发展检核表或评价工具。对这些机构的资助和评估是与评价结果紧密联系的。如果被要求使用的评价工具均不适用，教师和同事就应该重新回顾儿童发展检核表的内容，以确定哪种工具最符合自己的儿童发展观，并将其与自己所在地区的儿童早期学习标准进行对照。对教师来说同样重要的是，仔细安排观察记录的过程，根据儿童发展检核表安排工作。教师要让评价工具的选择符合教育规律和教育者的经验，符合自己日复一日与儿童相处的实际情况，符合自己与儿童家长沟通的实际情况。通过这些，教师能够确保选择的评价工具可以以最有效的方式得到运用。

此外，在选择收集儿童发展信息的工具时，教师有责任确保那些已被确认的儿童发展里程碑能够反映自己所在机构的儿童及其家庭的文化背景。其实，那些在前面被提及的评价工具已经经过有效的设计，并能够反映儿童发展的不同文化背景、种族和社会经济地位的差异。下面的内容是由一名教师撰写的，其背景是他被要求使用一种与其所在机构的文化背景不相符的儿童发展评价工具。

我任职于一家接收0~3岁儿童的早期干预机构。该机构签署过一份为美国西部印第安部落提供儿童早期发展筛查服务的协议。在评价该地区早期提前开端项目（Early Head Start Program）儿童发展状况时，我们发现，每名儿童无一例外地存在语言能力发展方面的问题，需要接受进一步的测试或治疗。根据筛查结果，很多儿童还出现了认知发展迟缓的问题。我开始质疑上述筛查结果。我发现，很多本地人在与自己的孩子交流中使用的是手势语，尤其是当孩子很小的时候。很多儿童处在双语养育的环境中，使用两种语言与他人交流。另外，缺乏高水平语言能力的儿童通常在认知领域的早期发展筛查中也表现不佳，因为他们不会对提出的任何问题做出回应。当心理学家出示一张长颈鹿的图片并问儿童这是什么的时候，我的内心是十分痛苦的。如果你问任何一名儿童羚羊或麋鹿是什么，他们肯定知道。但是对于这个问题，他们很难回答。我开始意识到，我们使用的儿童发展评价工具是为白人、中产阶级家庭的儿童设计的，与印第安部落文化毫不相干。

在这个案例中，基于儿童发展信息对儿童所做出的评价是不准确的，不能反映儿童的真实行为表现和能力水平。建议教师、领导借阅所有的评价工具并进行分析，考虑它们是否符合自己所在机构以及儿童、家长和教师的需要。

学会在观察记录与评价工具之间建立发展性联结

下面的观察记录与儿童发展检核表有关，也与儿童发展里程碑中的行为表现有关。表格内容来自于儿童发展评价工具。阅读这则观察记录，然后根据评价工具提供的儿童发展信息，判定儿童各项能力的发展水平是什么样的。

哈利（Haley）（3岁6个月）

体操老师的儿子哈利今天在体操班上课。我看到哈利走到体操老师旁边，他们的距离很近。哈利走过来告诉我："嘿，教师，我向他打招呼了。"然后，哈利用手指向天花板，看见一个球卡在两块天花板中间，说："嘿，快看，扎在那儿了。"

运用下面的评价工具（见表5-3、表5-4、表5-5），说明教师应如何评价哈利的语言发展水平？

表5-3 儿童发展里程碑（节选）

	2~3岁	3岁	4岁	5岁
语言和沟通	能够组词	词汇量稳步增加，运用至少包含3~4个词的句子表达自己的愿望和需要	和他人谈论自己的认识、经验和收获（在小组或集体活动中）	使用复杂的句子，毫无困难地使用词汇表达自己的绝大多数愿望、需要和期望
	听短小的故事，参加一对一讲故事活动及小组讲故事活动	开始倾听，能够听别人讲话	倾听他人并努力参与其中	主动参与到与他人的交谈中，聚精会神、耐心地听别人讲话
	口头词汇量达到200个	学习围绕词汇进行简单的手指游戏，有节奏地唱歌，进行带有词汇重复和手部动作的活动	复述含有多个步骤的指导语	听懂含有多个步骤的指导语和要求
	用声音和词汇进行角色游戏	讲简单的故事，但常常只讲自己喜欢的那部分	按顺序复述故事的基本情节	背诵和回忆诗歌、歌曲、故事和电影情节的发生顺序，把它们表演出来
	使用复合句		使用一些方位词，如在……下面、在……之上、在……上面	使用方位词，如在……下面、在……之上、在……上面
	叙述一天中发生的事情			
	使用形容词和副词			

注：摘自《聚焦式幼儿成长档案：幼儿完全评估手册》

表5-4 儿童早期学习等级评定量表（节选）

口头语言	1	2	3	4	5
说话	• 用手势语与人沟通 • 不太可能参与到讨论中 • 使用非常短的短语		• 用简单的句子做出回应 • 回答难度水平较低的问题		• 使用复杂句，词汇量丰富 • 提问并建立联系，参与到讨论中
故事讲述	• 借助图片复述熟悉的故事，但其和故事实际情节并没关系		• 借助一些主要元素复述熟悉的故事，但其内容和原来的故事情节不一致		• 准确、详细地复述熟悉的故事

表5-5 高瞻儿童观察记录表（节选）

儿童还不能说话或只能够用1~2个词或短语说话	儿童能够说出包含两个或更多独立观点的句子	儿童能够详尽地说出包含两个或更多独立观点的句子，如"我把红色的积木搭得太高了，它们倒了"	儿童能够组词，能够条理清楚、详细地讲述故事、朗诵散文或诗歌

安东尼（Anthony）（3岁8个月）

安东尼把一套新的拼图放在桌上，说要自己拼。他一次拿一块拼图，转动方向，直到找到正确的位置并把它放进去，然后压好。这套拼图一共有8块。他在无人帮助的情况下独立进行拼摆。最后，他完成了整套拼图的拼摆。

运用下列评价工具（见表5-6、表5-7）评定安东尼的发展水平。

表5-6 作品取样系统（节选）

个性和社会性发展		
自我概念		
2. 开始出现自我引导行为	等级	
	尚未达到	
	发展中	
	精通	
身体动作发展		
小肌肉动作发展		
2. 能够手眼协调地完成任务	等级	
	尚未达到	
	发展中	
	精通	

表5-7 婴幼儿评定、评价和程序设计系统（节选）

精细—粗大动作发展		
精细动作技能的功能性运用		
2. 能够把多个零部件装配在一起，组装成玩具等物品 2.2 能够把物品放进指定的空间	操作结果	完成任务的情况
	2= 两项任务均顺利完成	A= 在他人的帮助下完成
	1= 一项任务完成，另一项未完成	B= 操作行为受到干扰
	0= 任务失败	C= 报告式评价
		D= 修正或调整
		E= 直接尝试

要成功地运用儿童早期学习标准或儿童发展检核表进行评价，教师需要投入大量的时间，需要有了解此类评价工具的责任感和试验新想法、改变旧做法的意愿。对于很多教师来说，在熟练掌握这些评价方法之前，需要经历

至少1~2年的培训并持续不断地得到支持。因此，教师最重要的事情是安排出相应的时间，用于讨论、分享成功的经验并寻求额外的帮助，最终获得关于评价实施的正确方法。教师通过尝试错误来学习，能获得长期的优质效果。教师和同事密切合作，共同探究在忙碌的日常工作中如何以最佳、最有效的方式进行观察记录，营造积极而有益的工作氛围。

对于来自于问责制的要求，教师应该认真考虑。只有这样，所有的评价才能够做到有益于而不是损害儿童的发展。与实施人为的、偶然的在测试情境下的儿童发展评价相比，每天在一日生活中的观察能提供有关儿童发展更现实、真实的评价信息。撰写真实、描述性的观察记录，将保证观察式评价的客观性，避免使之成为主观、判断式的评价。在已有的关于跨越文化、宗教和经济水平研究成果的基础上建立对儿童发展的合理期望，有助于教师验证由儿童行为表现获得的对其发展状况所做出的各种评价，也有助于教师做出适宜的教育决策，明确如何为儿童的持续成长和发展提供最佳支持。

◆ ◆ ◆

出于评价目的进行观察记录的下一步，是把这些信息与家长进行分享。后面，我们将介绍如何建立内容翔实丰富的儿童成长档案、如何撰写观察概要以及叙事性报告。

◆ ◆ ◆

反思

目的：统计并思考自己了解的有关儿童发展评价的参考资源有哪些。

行动：自己最熟悉的儿童发展评价方法有哪些？了解自己使用或熟悉的各种儿童发展评价方法的优点和缺点。还有哪些可用于评价儿童发展的新方法？

找到自己的观察风格

目的：思考哪些儿童发展评价的方法最符合自己的观察风格。

行动：在自己的工作日志上回答下列问题。

- 哪种儿童发展评价的方法最能反映自己对儿童发展的认识？为什么？
- 为什么对儿童行为的观察能够真实反映其学习和发展水平？
- 为什么评价能够使我们更好地理解儿童各项能力的发展，从而使课程和教学计划更符合儿童的个性化发展需要？
- 为确保有时间在自然情境下观察和评价儿童，自己能够采取哪些具体措施？

第六章

怎样与家长分享观察记录和评价信息？

教师的责任之一是以有支持性且有意义的方式与家长沟通，询问他们对保教工作的看法。借助于观察记录分享对儿童发展的认识，是家园沟通至关重要的部分。通过这一过程，教师与家长建立起相互信任与尊重的关系，从而真正为了儿童发展合力共育。

基于观察的儿童发展评价能够以一种关怀性的、不具威胁性的方式让家长看到儿童的成长、发展和学习。通过对儿童在园一天活动的描述，教师能够为家长提供比儿童发展检核表更有意义的儿童发展信息。教师正在为家长打开一扇窗。透过这扇窗，家长能够看见儿童的发展。

在此之前，教师已经了解各种观察记录工具和用于解释观察记录结果、评价儿童发展的各种参考资源。此时，教师需要思考通过什么样的方式向家长介绍儿童的发展情况。通常，这是由早期教育机构的管理者和教师共同决定的。无论采用什么形式，它都应确保该机构的所有员工保持一致的工作方

伊丽莎白："我会利用各种时间与家长分享观察记录的内容。每天在他们接孩子回家时，我会与他们做简短交流。我会写一些有关儿童学习和发展状况的东西给家长，或者通过电话和他们交流。当然，我也会通过家长会或个别化教育项目的实施，向家长展示儿童的行为发展水平。"

佩吉:"班上孩子的家长在看到我对他们的孩子做的观察记录后,都很激动。我很愿意和家长分享这些基于日常观察记录得到的儿童发展信息。这项工作让我们之间建立了一种深厚的信任关系。观察儿童其实就是在个体发展水平上了解儿童。"

向,帮助家长建立起对儿童发展的合理期望。在某些早期教育机构,这一决定是由某位教师做出的。再次强调,与家长进行清楚地沟通是很重要的。

教师与家长沟通并分享自己收集到的儿童发展评价信息,可以采用多种不同的沟通策略。下面,我们着重介绍6种沟通策略。

- 将记录整理成有意义且信息翔实的评价档案
- 为评价档案选择记录方式
- 时间管理与评价档案内容收集
- 为家长提供一份书面总结报告
- 与家长面对面分享有关儿童发展的各种信息
- 根据家庭特点制订家长会召开计划

将记录整理成有意义且信息翔实的评价档案

迪安娜:"我渴望与家长分享评价档案的内容,因为它告诉家长,我不仅在照看他们的孩子,而且把他们的孩子当作独立的个体,并且关注孩子的发展。家长通常会当面对我表示感谢,一些家长甚至喜极而泣,为孩子在评价档案中展示出来的能力感到自豪。一些家长会把孩子的评价档案内容一张张地拍照,发给孩子的祖父母或者同事。"

将观察记录内容、观察时拍的照片和儿童作品汇集起来,为每名儿童建立一份评价档案,最终呈现一幅关于每名儿童发展状况的有意义且信息翔实的图景。评价档案远不止是剪贴簿、儿童作品集、相册或儿童发展检核表。确切地说,它是关于教师所了解的每名儿童在特定发展领域行为表现的介绍。当收集到的观察记录内容、照片和儿童作品明确地与儿童学习结果相联系时,评价档案就成为评价过程的一部分。为了记录儿童的发展过程,这些观察记录内容、照片和儿童作品需要每年收集两次(如果每年做不到3~4次的话)。

对于一份评价档案而言,观察记录是其最重要的组成部分。真实、描述性的观察记录提供了一份可以让教师在头脑中播放的影像资料。收集的照片和儿童作品进一步丰富了这一影像资料。但是，它们不能单独呈现，必须和教师对儿童行为的描述一起使用，以确保评价档案提供的信息是翔实的。当它们以组合的方式被加以介绍时，评价档案的内容就能够展示儿童具有的跨领域技能或能力。分享这类儿童发展信息成为教师与家长沟通的强有力方式。

图6-1是一名叫作简的4岁儿童完成的作品。思考教师在评价档案中应该如何使用这个作品。教师可以从图6-1看到，简写的好像是字母，它们在纸上还进行了排列。教师可能会猜测，她已经认识了一些字母，并且知道字母是代表一定含义的，可以在沟通时使用。教师可能还会猜测，她有很强的控制蜡笔的能力，精细动作技能发展得很好。然而，教师也仅仅是在猜测，因为她仅仅是通过儿童作品进行分析或对其发展状况做出判断。千万别遗漏教师对简在创作这一作品时使用的语言和行为的分析。下面是教师做的观察记录。阅读该观察记录，教师可进一步了解简对字母的理解程度以及她的行为表现。

图6-1　简完成的作品

简（4岁）

今天，简在书桌上用蜡笔写东西。她右手握笔的姿势非常正确。她把写好的东西拿给我看："我写了一个故事。"当我问她这个故事讲了什么的时候，她将食指放在每一行字母的下方，从左向右移动，说："不要在教室里面跑。妈妈，我爱你。我认为你非常漂亮。有一天，我想要和你一起工作。我全心全意地爱着你。我喜欢飞翔。当飞到高处时，我会跳下来。你被吓到了。故事结束了。"

我们是否注意到，教师对简的行为描述为我们提供了关于简的能力发展状况的更多信息？是的，确实如此。她知道字母代表一定的含义，可以在沟通时使用。她对书写工具有很强的控制力。她是右利手，握姿正确。她能够用长句子很好地表达自己的想法，能够理解故事。此外，她很爱自己的妈妈。综合儿童作品和教师的观察记录，我们能够更深入地了解简是谁以及她能够做什么。

建议教师在家长会上参考一些具体的资料，如照片、儿童作品等，与家长分享观察记录的内容。《聚焦式幼儿成长档案：幼儿完全评估手册》介绍了一种开家长会的做法。该做法运用了特别设计、可收集儿童发展信息的一系列表格。在这些表格中，教师可以撰写或粘贴自己的观察笔记，添加照片或儿童作品，从儿童的言行中识别与儿童早期学习标准相关的信息。对于教授有特殊需要儿童的教师来说，指向个别化家庭服务计划或个别化教育项目目标的儿童发展水平也可以通过评价档案的形式进行记录。事实上，在特殊教育机构工作的教师通常反映，与家长分享这类观察记录比仅报告儿童的发展水平得分或在某个标准化测验中所处的等级水平更有意义。

这些表格被广泛应用在不同的早期教育机构中。在应用之前，教师可根据儿童早期学习标准做相应调整。下面提供这样的一个表格填写案例（见表6-1），它来自盖伊·格朗兰德撰写的《幼儿园的游戏、观察和学习计划》（Planning for Play, Observation, and Learning in Preschool and Kindergarten）。附录也提供了该表，该表可复制后使用。

表6-1　评价档案信息收集表（案例）

姓名：德沃恩（Devaughn）	日期：2009-04-09	观察者：菲尔（Phil）
领域：语言和读写		
相关学习目标：听故事并能够大声地读出来；能够根据故事内容提问；能够做出相关评论		

本次观察情境涉及的儿童行为表现

□儿童发起的活动	□独立完成	□花费时间（1~5 分钟）
☒教师发起的活动	☒在成人的指导下完成	☒花费时间（5~15 分钟）
□对儿童来说是新任务	□在同伴的帮助下完成	□花费时间（超过 15 分钟）
☒对儿童来说是熟悉的任务		

续表

逸事记录（描述儿童的言行，必要时附上照片或作品）：
德沃恩听完故事《薄烤饼》①（*Pancake Story*）。他向卡罗尔（Carol）完整地复述了整个故事，并针对如何让这个故事变得更有意义提出很多建议。他专心地看画面，尝试预测接下来会发生什么。

在与德沃恩的家人分享完上述观察记录内容后，教师借助其他评价档案继续记录德沃恩在语言和读写能力上的表现。教师通过比较，发现儿童的语言和读写能力随时间发展而变化。教师计划根据德沃恩对故事的浓厚兴趣，为他提供更多的预测故事情节发展、复述故事、创编故事的机会。教师可能还会关注德沃恩是否已认识字母等问题。

罗宾："在我和家长分享自己所做的观察记录内容后，家长能够清楚地看到孩子的发展过程以及我的工作进度。家长纷纷要求留存这些记录，因为他们深深为孩子取得的进步感到自豪。我把记录的内容拍照留存，然后将原始的记录给了家长。"

为评价档案选择记录方式

对于评价档案来说，有一些内容比其他内容更能够提供丰富的儿童发展信息。儿童发展检核表不只是评价档案的一部分，而应更广泛地应用在各种记录活动中。如儿童的大肌肉运动技能发展状况可以通过在儿童发展检核表上标记"是"或"否"来记录。再如4岁儿童能够单脚跳，标记"行"或者"不行"；婴儿能够平衡站立，标记"能"或者"不能"。相比之下，有一些技能需要在持续不断的观察后才能进行有效的评价。如儿童的表达性语言——不论是学步儿说的词汇还是幼儿讲故事时使用的描述性语言——都可作为评价档案的内容。这些内容展现了儿童独一无二的词汇获得方式、自我表达方式以及让自身需求得到满足的方式。

艾普莉："在帮助家长了解孩子是从哪里开始起步、怎样取得进步或者没有取得进步时，我会和家长一起分享对孩子所做的各种记录。"

---

① 此图书为无字图画故事书。——译者注

提前确定收集儿童发展信息以及记录的方式，会使记录的过程变得更加顺畅。建议在为评价档案确定信息收集最佳方式时思考以下问题。

- 儿童的各项技能是否在他的评价档案或儿童发展检核表中得到了最佳呈现？
- 评价档案中的具体内容（如观察记录的内容、照片、儿童作品）是否展示了儿童的独特学习方式？
- 评价档案中的具体内容是否展示了儿童各项技能和能力的整合发展水平？

儿童发展检核表是记录儿童各项技能发展情况的重要工具。在撰写儿童发展报告时，教师可参考快速检核记录表，但不要把它放入儿童成长档案中。如果认为某项技能值得记录且应该放入儿童成长档案中，教师需要在技能描述中加入更多细节。如果记录表中只记录儿童"用一一对应的方法从1点数到4"，但不呈现儿童在完成这项任务时可能展现出来的其他技能，那么描述儿童行为发生的情境就成为一种有效的方法。他是在餐点时间或是在集体活动时间进行点数的吗？他是在和各种颜色的小熊一起做游戏时点数的吗？点数时，他和旁边的朋友交谈了吗？他是否还按照颜色或大小给物品分了类？点数时，他是否用到了精细动作？好的评价档案会超越儿童发展检核表式的记录方法，因为它包含了儿童言行的大量细节，能够呈现儿童在工作和游戏中整合运用各种技能的方法。

在确定借助儿童发展检核表进行记录后，建议教师问自己以下问题：对于自己所教授的那个年龄段的儿童来说，最有意义的评价档案是什么？评价档案展现了儿童的哪些特有学习方式？

对于婴儿和学步儿来说，为他们建立的评价档案应包含以下描述其行为表现的具体内容。

- 日常生活活动
- 与养育者或其他成人的互动
- 与其他儿童的互动
- 对环境的探究

再次强调，教师可以将观察内容记录在评价档案中，识别儿童已经和即将表现出来的行为反映了儿童早期学习标准的哪些要求。必要时，教师可以在记录之外提供相关照片（见表6-2、表6-3），为家长打开一扇了解孩子与自己相处方式的窗。家长喜欢看孩子的照片，也愿意看到孩子在教师的精心呵护下获得成长。

丽莲："我们刚开完家长会，有两位妈妈表示自己从未参加过这种类型的家长会。借助于评价档案，我为家长提供个性化的儿童发展信息，而不再去提供像成绩单那样太过一般化和非个性化的信息。在读过教师为儿童所做的分析报告、看过儿童活动或作品的照片后，家长通常会露出会心的微笑。"

表6-2　评价档案信息收集表（案例）

姓名：肯德尔（Kendall）　　日期：2008-09-10　　观察者：迪安娜

领域：社会交往

相关学习目标：主动表现出对熟人的喜爱；对图书产生浓厚的兴趣

本次观察情境涉及的儿童行为表现

☒儿童发起的活动　　　☒独立完成　　　　　　☒花费时间（1~5分钟）
☐教师发起的活动　　　☐在成人的指导下完成　☐花费时间（5~15分钟）
☐对儿童来说是新任务　☐在同伴的帮助下完成　☐花费时间（超过15分钟）
☐对儿童来说是熟悉的任务

逸事记录（描述儿童的言行，必要时附上照片或作品）：
　　肯德尔正在翻看班级纪念册。她翻到了有我和康纳照片的那一页。她一遍又一遍地指着我的照片并笑着。我问她："肯德尔，你找到我了吗？"她拿起纪念册，笑着亲了亲我的照片。

表6-3 评价档案信息收集表（案例）

姓名：<u>伊桑（Ethan）</u>　　日期：<u>2012-02-01</u>　　观察者：<u>戴维斯（Davis）</u>

领域：<u>科学；精细动作；社会性；情感；学习品质</u>

相关学习目标：<u>运用各种感官进行调查研究；抓握小物件的能力；在他人旁边做游戏；专注力；问题解决</u>

本次观察情境涉及的儿童行为表现

☐ 儿童发起的活动　　　　☒ 独立完成　　　　　　☒ 花费时间（1~5分钟）

☒ 教师发起的活动　　　　☐ 在成人的指导下完成　　☐ 花费时间（5~15分钟）

☒ 对儿童来说是新任务　　☐ 在同伴的帮助下完成　　☐ 花费时间（超过15分钟）

☐ 对儿童来说是熟悉的任务

逸事记录（描述儿童的言行，必要时附上照片或作品）：

　　伊桑在操作桌旁待了一个小时。他把水、沙子、油、荧光粉、泥土、胶水、淀粉和小苏打混合在一起。在工作时，他没有和其他人有任何语言交流，只是在需要时向教师发出请求，如希望加一些水。

对于大年龄的儿童来说，评价档案包括观察记录内容、照片和儿童作品。教师可以考虑为这个年龄段的儿童收集以下内容并将其放进评价档案中。

- 言语表现
- 书写作品
- 对相关阅读经验的反应
- 问题解决能力
- 涉及理解能力的创造性表现（如图形拼摆）
- 科学探究
- 自我反思
- 艺术作品

在为婴儿、学步儿及幼儿建立评价档案时，教师收集的儿童发展行为表现都应作为评价档案的内容，而这些内容看起来却是不一样的。重要的是，教师应该确保收集并记录的每名儿童的发展信息都能真实反映其发展水平。同时，教师要持续记录儿童行为的发展变化。对于教师和家长来说，这是最有意义的事情。在考虑评价档案的内容时，教师们应该就以下问题展开讨论。

- 儿童的兴趣和爱好是什么？
- 什么能够吸引儿童的注意力？如何回应他的兴趣点？
- 评价档案的内容包含了儿童的哪些技能？
- 儿童是怎样整合自身技能并运用已有知识的？
- 我对这名儿童的认识是什么？作为一名学习者，他的特点是什么？

当家长回看自己孩子的评价档案内容时，他们经常表示，这些记录是真正的无价之宝。下面提供了3个案例（见表6-4、表6-5、表6-6），我们认为它们均展示了儿童本身具有的独特性。

表6-4　评价档案信息收集表（案例）

姓名：艾希莉　　　日期：2012-04-16　　　观察者：布鲁克（Brooke）
领域：数学；读写；学习品质
相关学习目标：分类；交谈；词汇（描述各种颜色的词汇）；故事阅读；专注力；主动性
<div align="center">本次观察情境涉及的儿童行为表现</div>
☒ 儿童发起的活动　　　☒ 独立完成　　　　　　　☐ 花费时间（1~5分钟） ☐ 教师发起的活动　　　☐ 在成人的指导下完成　　☒ 花费时间（5~15分钟） ☒ 对儿童来说是新任务　☐ 在同伴的帮助下完成　　☐ 花费时间（超过15分钟） ☐ 对儿童来说是熟悉的任务
逸事记录（描述儿童的言行，必要时附上照片或作品）： 　　艾希莉最终独立完成了这个作品，过程大概坚持了10分钟。然后，她拿着这幅作品，说："看，我把所有的颜色都放在了一起，有绿色、黄色、红色和蓝色。"全班孩子之前读过了图画书《叽喀叽喀碰碰》（Chicka Chicka Boom Boom），所以她说："看，所有的字母都是倒着的。" 

表6-5 评价档案信息收集表（案例）

姓名：贾内尔（Janelle） 日期：2011-11-28 观察者：特蕾莎（Teresa）

领域：数学；读写；学习品质

相关学习目标：精细动作发展；概念建构；学习方式；人际关系

本次观察情境涉及的儿童行为表现

☐儿童发起的活动　　　☒独立完成　　　　　　☒花费时间（1~5分钟）

☒教师发起的活动　　　☐在成人的指导下完成　☐花费时间（5~15分钟）

☒对儿童来说是新任务　☐在同伴的帮助下完成　☐花费时间（超过15分钟）

☐对儿童来说是熟悉的任务

逸事记录（描述儿童的言行，必要时附上照片或作品）：

贾内尔努力地想把一些塑料星星粘在一起。他转动塑料星星，手指用力地推，直到塑料星星紧紧地贴在一起。然后，他把它们放在教师制作好的建构作品上。

表6-6　评价档案信息收集表（案例）

姓名：卢卡斯（Lucas）　　日期：2012-05-05　　观察者：玛格丽特（Margaret）

领域：精细动作；读写；学习品质

相关学习目标：适度的抓握能力；书写自己认识的字母；理解文字符号是有意义的；交谈能力；词汇；专注力

本次观察情境涉及的儿童行为表现

☒ 儿童发起的活动　　☒ 独立完成　　　　　　☐ 花费时间（1~5分钟）

☐ 教师发起的活动　　☐ 在成人的指导下完成　☐ 花费时间（5~15分钟）

☐ 对儿童来说是新任务　☐ 在同伴的帮助下完成　☒ 花费时间（超过15分钟）

☒ 对儿童来说是熟悉的任务

逸事记录（描述儿童的言行，必要时附上照片或作品）：

卢卡斯找来蜡笔和纸，在纸上写下这些内容。整个过程持续了大约15分钟。他的右手握笔姿势很正确。然后，他拿着这幅作品，说："这是大写字母表和小写字母表。"

时间管理与评价档案内容收集

在收集评价档案内容时，教师需要注意的一个问题是要使这项工作符合当下的工作要求。很多教师反映，时间管理对他们来说是一项很大的挑战。教师抽时间进行观察，尽力对记录内容进行整理。教师可能会将这项工作延迟。我们的建议是，不要等到评价档案内容收集快结束时再开始记录。观察记录是一个持续不断的过程。记录并不是在信息收集结束时确认儿童达到的发展水平，而是要随着时间的推进描述儿童的成长与学习变化。不要等到周末或家长会召开前两天才开始记录，而要从长远的眼光来看待和选择适宜的内容收集方式。这样，教师建立的评价档案对于家长和自己而言，才是有意义且信息翔实的。

下面是在收集评价档案内容时可以采用的提高时间效率的一些方法。

- 制订计划并提前准备好记录所需的各种材料，如照相机、即时贴、笔记本等
- 将所在地区的儿童早期学习标准贴在墙上，提醒自己找到观察的聚焦点
- 记得花5分钟时间来补充记录的细节，将其填入记录表中

好的课程计划有助于评价档案内容的收集。教师应该为儿童提供充足的探究和游戏时间，这样才可以获得有关儿童探究和游戏行为的有价值信息。教师应该提供充足的活动材料和机会，吸引和维持儿童的兴趣，这样儿童才会投入到活动中，以整合的方式运用各项技能。如果期望看到儿童在书写、绘画或数学等方面的表现，教师就要确保投放的工具和材料能够引发儿童的兴趣。

为家长提供一份书面总结报告

评价档案说明了儿童能够做什么，呈现了儿童正在发展的技能。因为有些领域和技能的发展状况不能在评价档案里呈现但又必须报告给家长，所以教师可以将这些内容简要地在提交给家长的书面总结报告中进行介绍。书面总结报告有助于家长认识和理解儿童在各个领域的强项和弱项，也能够锁定那些未能纳入记录内容的技能。和同事、家长一起为儿童发展的各个领域设定目标，这也是撰写书面总结报告工作的一部分。

在准备撰写书面总结报告时，教师工作的第一步是反思。坐下来，花时间整体浏览一遍所做的观察记录内容，确认儿童获得了哪些发展、进行了什么样的学习，这有助于教师解释儿童获得的发展，确认他们在哪些领域得到了关注。当然，反思应该从教师收集儿童发展信息并加以记录开始。在撰写书面总结报告之前，教师应该完成信息收集工作，思考已经收集了哪些儿童发展信息，考虑哪些信息应该在报告中呈现，这会使教师对儿童有更新的认识。

在召开家长会时，教师可以利用其他评价工具，也可以自行设计书面总结报告格式。如曾任职于黎巴嫩和美国印第安纳州保教机构的戴安娜·兰姆根据《聚焦式幼儿成长档案：幼儿完全评估手册》提供的方法安排自己的工作，并设计了下面这张表格来为家长提供儿童发展书面总结报告（见表6-7）。

表6-7　小羊羔保育学校儿童发展书面总结报告

姓名：＿＿＿＿＿ 日期：＿＿＿＿＿
儿童发展里程碑
1. 大肌肉动作
主动的　　　　　　跳跃　　　　　　单脚站立

续表

2. 小肌肉动作
   剪刀　　　　　　绘画
   独立从事活动
3. 社会性和情感
   游戏类型
   与他人的关系
   自律
   自我概念
   自理能力
4. 思考、推理和问题解决能力
   算术能力准备
   注意广度
   好奇心
   产生的想法
5. 语言和沟通能力
   理解并遵照指导语
   参与集体交流
   词汇
6. 创造性表现
   艺术
   音乐
   表演游戏
7. 阅读和书写能力
   倾听故事
   对字母、图书感兴趣

有两个内容是必须在报告中加以总结的,一是儿童在各领域获得的发展和取得的成就,二是和同事一起为该名儿童设定的后续发展目标。在《幼儿园的游戏、观察和学习计划》一书中,作者设计了一个表格,供教师向家长报告儿童发展情况时使用。在下面这份已经完成的报告(见表6-8)中,教师可以看到我们提及的两个内容。请注意,报告中提及的内容都是需要被强调的,是儿童发展的关键方面。借助报告,教师可以清楚而简洁地和家长就儿童的发展状况进行沟通。教师还可以通过分享评价档案内容,完成与家长的交流工作。重要的是,那些被写进报告的内容应该与评价档案中的内容保持一致,二者紧密联系。事实上,教师可以标注"参见评价档案的相关内容"的字样,为其提供佐证。

表6-8 家长—教师总结报告(案例)

姓名:西尼·H.(Sydney H.)	日期:2010-11-04
教师:佩吉	机构名称:欢乐谷儿童中心(Happy Valley Children's Center)

领域:数学和计算	
儿童发展和成就	能够点数物体并知道总数(用一一对应的方法从1一直数到7);认识并命名不同的形状;掌握测量的方法
后续教育策略	提供更多的机会以支持她对数量关系和点数的兴趣;为她提供不同的材料进行点数,引导她知道更多的数量;鼓励她对三维空间进行探究;为她提供更丰富的测量经验

领域:身体动作发展	
儿童发展和成就	能够熟练地单脚站立、跳跃和攀爬;能够用3个手指抓握书写和绘画工具;能够运用手部的小肌肉夹豆子、拼拼图和使用剪刀
后续教育策略	提供更多机会,以更复杂的方式锻炼其大肌肉动作技能,如在活动室内外做翻越障碍的练习;提供更多机会,让她在艺术、书写和操作活动中练习使用小肌肉

续表

领域：语言和读写	
儿童发展和成就	能够写出日常用语和名字，如自己的名字、妈妈、爸爸、爱；喜欢图书，对常用的书面语言有初步的理解
后续教育策略	提供各种书写工具，鼓励她创编自己的故事，尽可能使用她所知道的字、词把故事写下来；提供集体、小组和个别化阅读的机会

领域：社会认知	
儿童发展和成就	不论是在教师设计好的活动中，还是在她自己的表演游戏中，都表现出对家庭、学校和社区的探究兴趣，如喜欢扮演给毛绒玩具治病的医生
后续教育策略	提供机会，开展实地参观和社区人员到访等活动，加深对社区概念的理解与认识，为她以后在游戏中扮演不同的角色提供支持

领域：社会性和情感	
儿童发展和成就	能够舒适地与陌生人交往并适应新的环境；在集体游戏和学习活动中与人合作；在冲突发生时能够独立解决问题
后续教育策略	创设应对新的、复杂的社会问题的交往情境，必要时协助她解决与其他儿童的冲突，鼓励她通过有效的方式表达自己的情感

领域：科学	
儿童发展和成就	对于材料变化和因果关系的认识越来越深刻
后续教育策略	基于她对有生命物体和无生命物体科学属性的好奇心，为她提供更多的探究机会以及图书等资源

领域：创造性艺术	
儿童发展和成就	有目的地对各种表征性作品进行探究，而这些作品常常是在头脑中已经想好并想要创作的内容
后续教育策略	鼓励其借助各种艺术媒介进行表达，确保其有足够的时间进行创作

教师务必要注意文字表述的倾向性。儿童获得发展是值得庆贺的，尽管这些发展只是小步式递进发展，而不是跨越式巨大发展。在记录时，儿童发展的弱项和面临的挑战也应被指出来。在为儿童制定后续教育策略时，教师需要列出基于儿童发展所应提供的额外经验、技能以及面临的挑战。此外，很多教师会邀请家长参与到教育目标的制定工作中。我们在后面会介绍邀请家长参加家长会的不同方法。

与家长面对面分享儿童发展信息

安东："我从家长那里获得的大量反馈信息是家长在家中通过观察儿童获得的，他们给我提供了有关儿童行为发展的各种真实信息。这帮助我对儿童在家中的行为有更多了解，使我能更好地满足儿童的特殊需要。"

与家长就儿童发展信息展开对话是非常有意义的活动。与家长分享儿童发展信息，邀请他们分享自己的喜悦，这样做能够增进彼此的理解，更好地满足儿童的发展需要。家长有其看待儿童成长的独特视角，能够以教师做不到的亲密方式接近儿童。通常，儿童在不同的早期教育机构中会有不同的表现。家长了解儿童在家庭中的睡眠和饮食习惯，也可以把相应的教育方法运用到儿童对如厕等技能的学习中。教师能够发现儿童在与自己相处时未曾表现出来的兴趣和能力水平。对于不同年龄段的儿童来说，家长都应该被邀请，以分享他们独特的文化教育观。

这种分享能够使课程的个性化变得更加有效，也能够使家长获得强烈的归属感。如一名在幼儿园非常安静的儿童可能在家里是非常健谈的。了解这一信息能够使教师对儿童的语言技能有更明确的认识，帮助教师从不同的视角看待儿童的发展水平。儿童可能在幼儿园里会表现出比在家里更多的自控行为，而这一信息能够让那些与儿童的坏脾气或破坏行为"不懈斗争"的家长获得安慰。

家长和教师都希望儿童能够茁壮成长并获得成功。家长想知道早期教育机构正在对他们的孩子产生哪些积极的影响。他们希望教师能够对自己的行为负责，能够知道教育目标的实现是渗透在日复一日的教育活动中的。家长还想知道儿童是怎样学习的、儿童参加了哪些活动以及儿童喜欢在幼儿园里做什么。家长更想知道，自己的孩子在学习和发展上的优点是什么。他们可能也会担心，教师会把哪些领域确认为儿童有潜力的领域而给予特别关注。安排时间与家长分享儿童发展信息，是家园沟通的一种方式。这样做能够让家长了解到，自己的孩子正在有助于其学习和发展的教育指导下获得良好发展。

罗斯玛丽："有时候，我会在孩子离园时与家长做简单交流，交流的重点是孩子在当天完成了哪些任务。"

根据家庭特点制订家长会举行计划

意在分享儿童发展信息的家长会应该有规律地举行。很多早期教育机构每年会安排2~3次家长会。会上，教师会和家长一起讨论儿童的发展和学习状况。多数早期教育机构已经在其工作安排中列出了详细的家园沟通计划，只需要提醒家长遵守相关规定即可。与家长的非正式沟通，如入园和离园时的沟通，是教师与家长建立关系、进行日常沟通的重要环节。但是，在一个更正式的时间举行家长会，将使教师和家长更深入地了解儿童的发展状况以及付出的努力，寻求与家长密切合作的方式并保障儿童获得最佳利益。

最重要的是，举行家长会是为了满足家长的需要，所以教师要为家长预留充足的时间，以便他们安排好时间参加会议。家长常常无法确定自己参加家长会的时间，所以最让教师失望的是家长经常无法如期参加家长会。由于每名儿童的家

迪安娜："我喜欢开家长会的原因是我能够和家长一起根据儿童的发展状况设定后续教育目标。每名儿童的家庭都有其不同的文化背景，对于'什么是儿童发展的重要方面'这一问题也有各自的看法。"

长有其特殊需求，因此家长会的时间和地点安排应该更加灵活。教师有必要把家长会安排在晚上举行，甚至把地点安排在儿童家里。对于需要外出工作的家长来说，利用早餐或午餐时间进行家园沟通也是不错的选择。教师可以与家长相约在餐馆或者其他方便家长边吃午餐边交流的地方。有时候，打电话与家长交流也是家园沟通的一种选择。电话约谈的困难在于教师无法和家长一起阅读儿童成长档案或儿童发展书面报告。如果在电话约谈前，教师能够把儿童成长档案和儿童发展书面报告交给家长，那么教师和家长就可以围绕儿童在某方面获得的发展进行交流和讨论。教师可以考虑通过电子邮件的形式把儿童成长档案或儿童发展书面报告发给家长，或者充分利用网络摄像头、视频等提供的便利条件。寻求与家长会面并与之分享儿童成长档案或儿童发展书面报告的内容，将为家长提供其所关心和认同的有价值信息。这项工作的底线是，如果家长不能参加家长会，那么教师就有责任继续跟进，直到他们能够参加家长会为止。

家长会的持续时间最好控制在30~45分钟之间，因为少于这个时间的话，我们很难做到深入回顾内容。一些早期教育机构会安排专门的时间，让家长在没有教师参加的情况下先行浏览内容。家长一般在会议召开前15分钟内到达，利用这段时间浏览记录、照片、作品并阅读儿童成长档案或儿童发展书面报告。在家长会上，家长与教师交流约20分钟。所以，向家长提前分发注明上述环节时间安排的会议日程，有助于家长了解会议的具体安排，保证会议按时召开并将会议焦点集中在所要完成的任务上。建议按照以下步骤安排教师与家长的沟通：首先，围绕儿童的发展和成就进行交流；其次，如果对后续教育策略和关注点有所思考，那么教师可以就这些问题与家长交流。家长如果在与教师沟通前已了解反映儿童发展的典型案例，那么他们会更容易理解教师的建议。

在与家长会面时，教师应该具备良好的倾听技能。沟通时，教师认真倾听，能够让家长感觉到自己被认可。而且，这向家长传递这样一种讯息：家长的观点是重要的且有意义的。有时候，倾听并真正听懂家长所说的话并不是一件容易的事。教师可能正忙于思考围绕儿童的发展应该与家长分享什么内容。在这种情况下，教师可能不会清楚地听懂家长关心的问题。如教师的关注点是儿童在每个领域的发展状况，但家长想要讨论的问题却是祖母的去世对儿童产生的影响。此时，教师很难真正听见并有针对性地回应家长关注的问题，同时沟通还会受到家长会时长的影响。因此，教师有必要安排另外一个时间，与家长进一步讨论他们关心的问题。在沟通的间隙，教师正好有机会反思自己关心的问题，为接下来的沟通做好充分准备。做一名有效的倾听者并不意味着把家长会的控制权交给家长，也不意味着把所有的时间都用在讨论家长关心的问题上，而是意味着教师真正倾听并回应家长的想法，让家长觉得教师很欣赏和重视他们的观点。

> 达丽莎："观察为我回应家长的问题提供了真正的帮助。当他们说'我没有看到自己的孩子与同伴有交往行为'时，我们可以共同浏览孩子的社会性与情感发展观察记录并回应家长'从这则观察记录中，我看到了您的孩子在与他人交流'。"

教师要牢记作为一名积极倾听者的重要性，向家长介绍评价档案的内容，同时回顾自己收集的评价档案内容和撰写的书面总结报告。在向家长介绍儿童发展信息时，教师最重要的事情是做好准备。如果想和家长讨论儿童在数学和科学探究领域的发展状况，教师就应确保评价档案内容能够支撑自己的观点，同时准备反映该名儿童在数学和科学探究领域行为表现的观察记录、照片或代表性作品。如果想建议家长调整儿童的饮食或作息安排，那么教师应该准备一些自己对这名儿童所做的日常观察报告，以支持自己的计划。教师们反映，这类观察报告能够有效地帮助他们向家长提出各种建议。

在与家长分享完儿童成长档案和儿童发展书面报告后，教师可以和家长共同制定儿童在园和在家的后续发展目标。对于家长来说，这是一种极好的沟通方式。家长发现，自己成了教育的一部分，自己的观点受到了重视并反映在了教育目标中。

家长会的最后一项议程是让家长知道，教师非常感谢他们的到来，他们的观点对于教师制定教育目标来说非常重要。考虑到家长以后有其他想要和教师分享的内容，教师可以告诉他们能够联系到自己的最便捷方式。教师可能需要用感谢卡来感谢家长的到来，感谢他们对教育工作的认可。

一次成功的家长会能够让所有参加会议的人从中受益。当教师将基于观察记录的评价内容作为自己与家长沟通的基本内容后，家长就会更容易地参与到讨论活动中，从而清楚地看到儿童在做什么。家长还能够清楚地意识到，自己为儿童做了什么以及自己对他们有多少了解。借助对儿童学习与发展情况的真实介绍，教师和家长之间更容易达成共识。

◆ ◆ ◆

后面，我们将讨论如何在设计课程过程中有效地利用观察记录的内容。通过与家长分享和讨论收集到的内容，通过在观察儿童行为时做出的持续不断的反思，教师可以针对后续教育活动和期望儿童获得的经验制订教育计划，促进每名儿童的茁壮成长。

◆ ◆ ◆

反思

目的：反思自己能否把信息翔实且有意义的评价档案作为家长会的重要资料。

行动：

- 回顾自己为某名儿童整理的评价档案，如果此前没有做过任何记录，可以回顾自己所做的观察笔记
- 根据本章所提建议，确认哪些观察记录的内容适宜作为评价档案。记住要把那些最能反映儿童独特性的内容纳入其中
- 思考自己可以通过哪些方法来把观察记录的内容汇集成评价档案，知道如何向家长介绍评价档案内容

找到自己的观察风格

目的：总结举行家长会的经验，思考自己可以采取哪些策略来确保家长会的成功举行。

行动：

- 反思举行家长会的经验。思考哪些策略的运用是比较成功的、遇到了哪些挑战、是怎样迎接这些挑战的
- 站在家长的角度思考家长会。他们可能会害怕和担心什么？自己可以采取哪些策略来解决他们担心的问题？
- 信息翔实且有意义的评价档案是怎样以潜移默化的方式解决家长关心的难题并帮助自己更有效地制订课程计划的？

第七章

怎样在课程设计中有效运用观察记录信息？

教师在课程设计中可以通过两种方式利用观察记录内容：在观察儿童后马上设计课程；在完成对儿童的多次观察后设计课程。有时候，教师看见儿童正在从事某项活动，会立即提供帮助，这就是课程设计。它是即时发生的。教师对自己看到的儿童行为表现做出判断，然后付诸行动。

在很多情况下，教师会对儿童进行不止一次的观察，以便建立一份完整的评价档案，从而了解儿童各项能力的发展状况以及在发展过程中遇到的问题。教师可能会去努力识别儿童在各项技能上的发展水平并设计相应的活动，为其提供适宜的挑战。教师可能会注意到儿童对某个事物特别感兴趣。或者，教师可能会想要了解儿童的个性特征，并注意到儿童在一天中能够多次成功地解决问题。教师会在不同的时间段内观察儿童，记录儿童在不同情境中的行为表现。借助于这些方式，教师能够更好地理解儿童的发展，做出更适合于其发展需要的课程决策。这个过程也是课程设计。它是延续性的。

如前所述，教师是在利用观察记录提供的信息来为儿童制订课程计划。聚焦于某名儿童的发展有助于教师更好地了解该名儿童的如下发展特征。

132 聚焦式观察：儿童观察、评价与课程设计

> 艾普瑞："我通过观察来了解儿童的学习兴趣、学习品质，把他们的个别化教育目标整合进课程设计中。从对每名儿童所做的观察记录中，我看到他们理解了课程内容，也让自己明确了有必要去选择一些不同的教学方法。"

- 各项技能和能力的发展状况
- 在一天中应对各种挫折的方法
- 倾向性和兴趣
- 带有文化背景的表达方式
- 学习品质

教师可以利用观察记录提供的信息为全体儿童制订课程计划。同样，教师可以在看到儿童的行为表现后立即做出回应，也可以在做出回应前把儿童在这一段时间内的行为表现都记录下来。当观察对象是全体儿童时，教师聚焦的范围会变得更大。教师可能会关注如下问题。

- 儿童是怎样利用环境和材料的？
- 设计的课程是否取得了成功？
- 儿童对哪些话题和活动感兴趣？
- 一日生活是怎样按部就班地开展的？
- 儿童的行为问题在哪里出现以及何时出现的？
- 设计的教育活动和环境是怎样反映儿童的文化背景的？

教师不论是在做观察记录的同时做出即时回应，还是在观察一段时间后做出回应，其基于观察记录的课程设计始终是循环往复、不断向前的（见图7-1）。首先，教师要对儿童进行观察记录。教师需要问自己一些问题。如在观察个别儿童时，教师可能要问的问题是"我能做些什么来帮助他"。如在观察群体儿童时，教师可能要问的问题是"哪些教育方法奏效了"。教师需要制订并执行课程计划，回应上述问题。教师发现，当自己再去观察儿童的行为表现时，计划得到了完美贯彻。这样，课程设计就会重复进行下去。

第七章　怎样在课程设计中有效运用观察记录信息？　　133

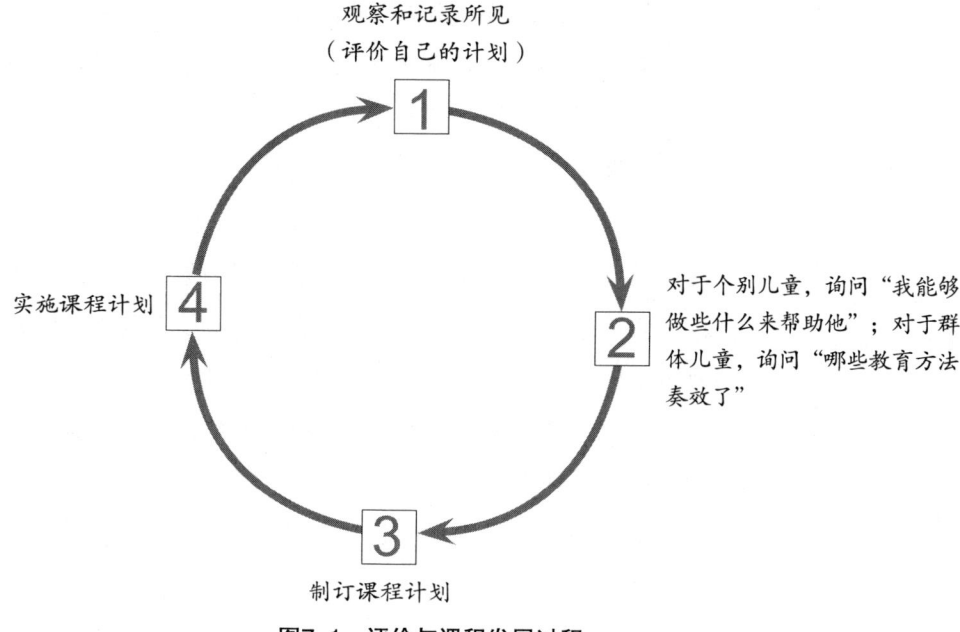

图7-1　评价与课程发展过程

幼儿园课程是什么？

我们很难给幼儿园课程下一个明确的定义，因为它几乎包括了幼儿园一日工作的所有方面。幼儿园课程是儿童各种学习活动的总和，学习既包括语言的学习、社会关系的学习，也包括了诸如搭建积木等的操作性学习。好的幼儿园课程是能够基于、保持和深化儿童对周围世界的兴趣和认识的。当课程与儿童有关联且有意义时，更为持久的学习也就发生了。为了寻求什么是与儿童有关联且有意义的，教师必须观察儿童在活动中的行为表现并把观察所见记录下来。

面向婴儿和学步儿的教学与面向年长儿童的教学是不同的。教师为儿童提供的是保教服务和有益于其发展的各种刺激，而不是传授知识或进行大量的纸笔练习。如果教育对象是婴儿和学步儿，教师需要花费大量时间去建立与儿童之间的信任、充满爱的关系，唱歌给他们听，和他们聊天，为他们提供有趣、安全的游戏材料，照顾好他们每天的饮食、如厕和睡眠。如果教育对象是年长儿童，教师需要认真地创设学习环境，以便他们能够探究材料，与同伴一起游戏，带有安全感地尝试探索新事物。这时，教师的角色是引导者和支持者，而不需要直接告诉他们应该怎样做。

当儿童在游戏、参加日常活动或教师组织的其他各种活动时，教师需要观察他们并与其产生互动，因为他们正在以这种方式展示自己学习了什么、能够做什么以及不能做什么。教师通过观察儿童并与之互动，能够了解每名儿童的发展状况并对全体儿童的发展状况做出判断。在观察儿童的同时，教师也在对后续的课程设计进行决策。

> 约迪："通过观察儿童，我能够了解他们已经掌握了哪些技能、哪些方面是他们需要继续努力的。我也知道应该设计什么样的活动从而为儿童发展提供帮助。"

幼儿园课程不以教材为导向，也不以教师的知识传授为中心。它并不局限于某一周的教育活动计划。制订课程计划的出发点是考虑什么对儿童的发展是有益的。我们既要考虑儿童发展的年龄特征，又要承认儿童发展的个体差异。

> 儿童是课程设计与实施的核心。教师必须始终牢记儿童在各领域的学习目标，促进每名儿童的健康发展。这些学习目标可能来自儿童早期学习标准，也可能来自某名儿童的发展评价。当然，理想的状态是评价目标与课程目标是一致的，这样教师就不必在不同标准所描绘的不同目标之间来回跳跃（Gronlund，2012）。

高质量的幼儿园课程能够反映那些已被早期教育实践所认可的儿童发展需要和学习风格。在把这些优秀的早期教育实践付诸实施时，教师应该注意以下问题。

- 提供有刺激作用的有益学习经验，引发儿童的探究，吸

引他们主动、持续地学习
- 提供值得儿童关注的、丰富多样的材料和观点
- 为儿童提供做有意义事情的机会，帮助那些还不能独立做选择和不能有效利用自主选择机会的儿童
- 在一日生活的日程安排上，为儿童提供具有延展性的活动，支持其（与成人或同伴）投入游戏、调查、探究和互动等活动中
- 帮助儿童参加到那些能够最大限度地促进其自身能力（如想象力、语言能力、互动能力、自控力）发展的游戏中（NAEYC，2009）

在实施高质量的幼儿园课程时，教师应该关注儿童发展的个体需要和差异。为不同儿童制定的学习目标应该是不同的，采取的教学策略也应该不同。为某名儿童设定的学习目标可能和他的实际年龄并不匹配。如果他有一些具体的发展需要，那么为他设定的学习目标肯定不同于同龄的其他儿童。如果儿童在某些特定领域表现出更高水平的能力，那么教师为其设定的学习目标也应该调整，从而对其现有发展水平提出挑战。此外，儿童的学习风格也存在差异，因此教师的重要工作是了解每名儿童的学习方式并收集相关信息，以便提供适宜其发展的学习经验。

有很多课程模式可供教师选择。其中一些课程模式与儿童发展检核表、评价标准相联系（如高瞻课程，婴幼儿评定、评价和程序设计系统）；另一些课程模式提倡基于环境的教学法，儿童可以在精心设计和组织的学习区和活动中自主探究（如创造性课程）；还有一些课程模式强调追随儿童的兴趣，课程从儿童的兴趣中生成（如生成课程、项目教学法、瑞吉欧教学法）。很多早期教育机构会对这些课程模式进行调整

伊丽莎白："观察记录有助于我调整教育活动，满足每名儿童的发展需要。它为我提供了引导儿童参加活动的特种装备。"

和整合，以满足本机构儿童、家长、社会及文化需要。一些教师选择自己开发课程。如位于美国西蒙大拿州的黑脚部族（the Blackfeet Bribe）的教育工作者就为他们的浸入式母语项目设计了相应的课程。美国全美幼教协会不对任何课程模式进行认证，但却为课程模式的适宜性提供评价的框架和建议。《学前教育中的发展适宜性实践》为教师选择适宜的课程模式和教学策略提供了一系列指导原则。

在《幼儿园的游戏、观察和学习计划》一书中，格朗兰德（2012）为不同课程模式的整合提供了计划和反思的框架。这些框架包含一系列策略，可用于对课程计划进行个别化调整和对儿童在发展过程中展现出来的兴趣做出回应。

反思儿童的文化背景

教师可以把为课程设计服务的观察点聚焦在儿童对其文化背景的表达上。这有助于教师关注到课程是否与儿童个体或群体的文化及家庭背景相匹配。教师可以制订计划，反思创设的环境、提供的材料和活动是否体现了儿童发展的遗传基因及其受到的家庭生活影响。教师可以投放反映不同种族文化的海报、书籍、玩具及代表世界各地文化和族群生活的表演游戏材料。正如下面这个故事所展示的，教师为儿童打开一扇了解世界多元文化和生活经验的窗，这让儿童意识到自己是受欢迎和被认可的。

参观

露西（Lucy）现在3岁。她的妈妈参观了一家新开的早期教育机构，考虑是否为其在这里报名。这家机构在儿童视线高度的墙上张贴了许多反映世界各地儿童的海报，为儿童提供了许多反映多元文化的活动材料。在和她的妈妈参观该机构时，露西注意到一幅与自己相似的印第安儿童海报。她跑到海报前，指着上面的女孩，满脸笑容地说："噢，妈妈，看！她看起来就像我一样。"露西的妈妈后来反馈到，这一经历是影响其做出送露西进入该机构学习的关键因素。

这个故事说明，教师必须关注并确保学习环境反映了文化背景的多样性。遍及全美的早期教育机构在各自的课程设计中要反映美国人口的多样性。无论是在儿童保育机构还是在其他类型的早期教育机构，不同背景的儿童及其家庭、不同的宗教信仰、不同的语言和不同的价值观都应被接纳并联合起来形成一个共同体。在赞赏每个家庭和儿童独一无二特征的过程中，教师可以发挥重要作用。至关重要的是，教师要超越仅仅在手工制品、假期安排、食物和服饰上反映文化差异性的做法。教师需要整合深刻影响儿童日常生活的价值观和信仰。只有如此，教师才能为儿童提供与其文化背景相适应的保教指导。有时候，教师会通过儿童在日常生活中的表现看到这种文化表达。

睡眠

一个东南亚移民家庭的孩子被家长送进一家婴儿看护中心。这名婴儿以前从未独自睡过觉。当被放入婴儿床并送进一间安静、漆黑的房间时，他非常难过。这是一名疲倦但不肯入睡的儿童，也是一名对情境很恐惧的儿童。不论教师和保育员怎样努力地去引导他独自入睡，他都很恐慌。只有在游戏中，当身边有其他人的时候，他才会睡着。对他来说，独自一人睡觉是一件令人害怕的、需要面对陌生情境的事情。

对于依恋和分离焦虑的看法与价值观，因文化、信仰和生活经验的不同而各异。一些文化鼓励儿童自主和独立，另一些文化重视儿童与他人之间的联系和对他人的信赖。由于每个家庭秉持的价值观不同，所以他们应对儿童分离焦虑和依恋的做法也存在差异。

阿维（Avi）（3岁）

　　阿维和他的家人刚从以色列来到美国。很快，我注意到阿维的妈妈不愿意离开他。每天，她会在这里待上几个小时。在讨论她不愿意离开的原因时，我们猜想一部分原因是他们刚离开一个充满战乱的地方。安全是这个家庭最担心的问题。我们想要给她和阿维更多的时间，让他们感到安全并信任我们。在最初的几个星期里，我们会让她留下来。然后，我们问她是否愿意每天短暂地出去散个步。她不情愿地答应了。在散步之前，她会站在窗户外面看阿维，确认他一切都好。在度过了最初的两个月后，她即使在整个上午不看阿维，也不会感到不适。阿维的妈妈现在成为我们班最具奉献精神的家长，她是我们的依靠，在我们需要时会以任何方式提供帮助。我常常好奇，如果我们没有敏锐地察觉到这个家庭在儿童依恋和分离焦虑问题上的独特需要，事情就不会朝着现在的方向发展。

　　相比一些儿童家长而言，另一些儿童家长则可能习惯于长时间抱着孩子。因此，来自于这些家庭的儿童会希望与教师有更多的身体接触，希望教师能够有更多的时间抱着他。每名儿童面对的分离焦虑是不同的。对这方面的问题保持敏感性，了解其信仰、价值观和生活经验，有助于使教师的教育行为符合儿童的发展需要。

为个别儿童制订课程计划

　　如果教师正关注某名儿童的发展，那么教师需要扮演消极和被动的角色，让儿童掌握活动的主动权。这好比你和儿童是一对舞伴，跳舞时你需要跟随儿童，由他来带动你。有时候，最合适的做法是不介入儿童的活动，只是观察和鼓励。在很多时候，有益的做法是为儿童提供支持和支架，帮助他们完成单凭自己的能力无法完成的任务。有时候，教师有必要指导儿童或为其做出示范，使他们明确知道自己应该怎样去完成任务。教师需要在更多介入和较少介入儿童活动之间来回切换。

图7-2展示的是教学策略的连续体。在考虑不同情境中应该采取的最有效的教育策略时，该图为我们提供了带有策略性选择的方法。随着教学策略的变化，儿童参与活动的水平也在发生变化。

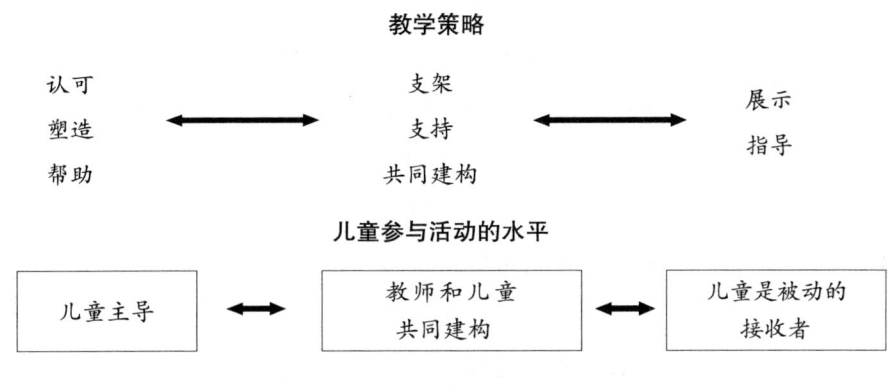

图7-2 教学策略的连续体

对于儿童来说，最重要的是教学策略和课程经验应该聚焦于该图的左侧和中间部分。这是为什么呢？因为儿童在其主动参与的活动中学习效果最佳。在对儿童从事的活动给予认可、加以塑造并提供帮助时，教师其实是在以儿童为先，允许儿童开展主导性活动。只有当儿童能够安全、富有成效地开展各种活动时，教师才适合采用上述策略。在为儿童的学习提供支架和支持、与儿童共同建构时，教师要作为共同的游戏者和伙伴，加入儿童活动中，最终使儿童在其从事的学习活动中发挥主导作用。注意，在教师通过展示和指导策略发挥作用时，儿童其实扮演的是被动角色。对于儿童来说，这两种策略并非最有效的教学策略，所以教师要少用。儿童只有主动参与到学习活动中，才能最大限度地从中受益。当然，如果某名儿童的行为需要教师干预，那么教师就需要对他的行为予以指导。

教师的工作是识别出在一日生活的每种学习情境中最适宜的教学指导和干预方式。教师需要持续不断地做出课程决策，问自己这样的问题："对于每种学习情境中的每名儿童来说，最有效的教育策略是什么？"如果教育对象是有特殊需要的儿童,那么教师就需要考虑每名儿童各项能力的发展状况,努力为所有儿童提供促进其发展的各种支持以及具体帮助。对于正常的儿童来说,教师要做的事情大致相同,即考虑自己参与儿童活动的范围到哪里。在考虑如何参与个别儿童的学习活动时,教师可以有如下选择。

- 观察并鼓励儿童继续从事正在进行的活动
- 投放不同的材料,或者通过某种方式改变环境的创设方式
- 制订具体的教师指导和干预计划
- 有效地利用同伴互动
- 设计特别的活动
- 引入额外的资源

莉莲:"在发现儿童对某个区域的活动兴趣寥寥后,我会在他们经常去的区域中开展活动。在制订活动计划时,我会尽可能让所有儿童都参与其中。我发现,儿童更喜欢参与那些别人已经在参加的活动或是可以和朋友一起参加的活动。"

判断制订的课程计划是否成功的唯一标准是将计划付诸实施并观察发生了什么。在观察儿童某些发展性技能或行为表现时,某些教育策略是有效的,而另外一些策略则可能更适用于了解儿童的兴趣,并对反映其文化背景的行为表现做出回应。教师可以在一天的任何时间段内实施课程计划,如在游戏时、在一日生活中、在专门设计的活动中。

有时候,儿童需要的不过是教师的认可和鼓励。和开心的儿童一起大笑、坐在忙碌工作的儿童旁边、安静地看儿童搭积木、用语言描述儿童在感官区是怎样解决问题的,这些都可以用来鼓励儿童。教师通过自身行为告诉儿童:"我对你正在做的事情很感兴趣,坚持下去!"通过类似于"你很努力地在画那幅画""我认为你已经用了箱子里的每一块积木""你能够做好它"等的评论,教师向儿童表达一种观点:你认可他们正在做的事情,期望他们沿着当前的方向继续下去。

有些时候，教师根本不需要做任何事情。在下面这则观察记录中，凯莉（Kaylee）的老师对她的行为进行了观察，结果发现自己不需要进行任何形式的干预。

凯莉（4岁5个月）

午睡后，凯莉走到赖利（Riley）面前，说："赖利，到这边来。我是老师，你坐在这儿，注意听我说。"赖利说："不，我不想玩。我现在很忙，好吗？"然后，凯莉说："来嘛，赖利，拜托了。一会儿，我跟你一起玩。现在，你用英语和西班牙语说任何有关颜色的词。来嘛，不会花太长时间。拜托了，好吗？"赖利回答："好吧，红色、黄色、橙色、紫色和白色。"凯莉说："现在，用西班牙语再说一遍。"于是赖利说："白色。"

他们一直玩到餐点活动开始才结束。

凯莉通过语言表达邀请赖利参加游戏，并成功说服赖利跟她一直玩到餐点活动开始。教师记录下了凯莉高水平的语言交流能力、对西班牙语的兴趣、假装游戏的能力以及社会交往技能。

为个别儿童制订后续课程计划

凯莉的老师也考虑到了应该如何为凯莉和赖利制订后续课程计划。显然，这两名儿童都对西班牙语感兴趣。于是，教师决定在班上投放更多的西班牙语图书，教儿童学唱西班牙语歌曲，鼓励儿童开展表演游戏。教师密切观察了赖利，确保凯莉每一次邀请时他都是自愿的。他告诉赖利，如果赖利想在活动室内进行其他游戏或者想扮演教师角色，那么他可以把这些想法告诉凯莉。

基于观察来制订针对某一儿童的后续课程计划是课程设计的重要组成部分。阅读下面这则关于罗伯特（Robert）的观察记录。它告诉了我们，罗伯特是如何拿到自己想要玩的玩具的。阅读时，基于罗伯特的表现，思考下一步要为其提供哪些支持以促进其发展。

罗伯特（10个月）

　　罗伯特朝着存放音乐玩具的架子爬去。他努力地在架子面前站了起来。他看着上面的拨浪鼓。然后，他伸手去够拨浪鼓的鼓槌。借助鼓槌，他把拨浪鼓朝自己的方向拉来，最后把拨浪鼓从架子上拉了下来。接着，他坐在地板上，开始玩拨浪鼓。

显然，罗伯特的平衡能力已经有了发展，并且做好了走路的准备。他的行为具有目的性，自主解决了从架子上把拨浪鼓拿下来的问题。他还表现出对乐器的兴趣。如果你是教师，你可以在后续课程计划中做出如下安排。

- 为他提供更多练习站立、平衡的机会，使他在你的支持下逐步发展这些能力
- 为他提供套环和其他需要运用问题解决策略的玩具
- 投放更多能发出不同声音的乐器，如木琴、撞铃和沙锤

在很多时候，当儿童已经参与到某项活动中时，教师会发现，如果提供不同的材料，那么他们有可能将活动向前推进一点。教师的目标是延长儿童注意力的持续时间和对活动的投入时间。教师可能发现，儿童在活动中展现出的技能太简单了。因此，教师要对活动进行拓展，以便儿童能够运用更复杂的方法完成任务或者加深对概念的理解。教师还会基于儿童在活动中展现出的对某些特殊材料的兴趣来设计后续课程。教师为儿童创设额外的机会，鼓励其继续参加活动。下面这则观察记录描述的就是这种情况。阅读它，明确教师需要为哈德逊（Hudson）准备的材料，帮助他延续对分类和模式活动的兴趣。

哈德逊（3岁）

　　一天，哈德逊走进积木区，把所有形状的积木拿了出来，然后分类，该过程花了大约10分钟。然后，他用五块圆柱体积木搭了一座塔。"看我搭的！"他向我喊。我和同事意识到他在对物体进行分类和组合，因此决定为其提供一些其他的材料，以便他深入进行分类和组合活动。我们在一个大篮子里摆放了不同颜色的泰迪熊。在接下来的几天，哈德逊从玩具架上会拿一些小盒子，根据颜色对泰迪熊进行分类。他把红色的泰迪熊放在一起，把黄色的泰迪熊放在一起，如此反复。最后，他把蓝色和紫色的泰迪熊放进了同一个小盒子里。有一天，他拿了一些彩色的小木钉，在地板上把它们按照某种循环模式进行排列。

　　有时候，教师会看到儿童重复出现一些不良行为。处理这些不良行为是教师面临的颇具挑战性的任务。教师可能会感觉到，自己有必要不断地提醒这些儿童。教师可能不得不采取一些措施来保护其他儿童，并把这些儿童带离活动区。教师还可能会慢慢认识到问题的实质，那就是不得不承认，自己并不真正理解这些儿童行为的意义。阅读下面这则观察记录，思考一下，花时间观察儿童的表现是怎样帮助教师更清楚地理解儿童行为并帮助儿童更成功地参与到游戏活动中的。

杰里米（Jeremy）（4岁3个月）

　　我在积木区观察了杰里米好几天。每天，他都会先看别的孩子玩几分钟，尤其是看用积木搭建复杂结构作品的两个男孩子。然后，他会在对方毫无戒备的情况下走过去，把他们搭建的作品推倒。

　　在完成上述观察后，教师意识到，儿童欠缺的是加入到别人游戏中的社会交往技能。所以，教师去问杰里米，他是不是想和别人一起玩。杰里米立即表示肯定。从那一刻起，教师和他一起做游戏，帮助他逐步找到加入他人游戏活动的适宜方法。在他们一起做游戏时，其他男孩子也会加入进来。教师向杰里米示范了和其他儿童一起做游戏的适宜方法。几天过去了，杰里米可以坐在离游戏区很近的地方玩，但不能过多地参与到游戏中。几周过去了，杰里米可以在没有教师帮助的情况下，和同伴一起进行合作游戏。大约一个月后，杰里米已经能够向其他儿童发出请求，询问自己是否可以加入到他们的游戏中或者请求成人提供帮助。教师说："如果我没有花时间去观察、了解和记录我所看到的，我会认为杰里米的表现就是行为不良。如果我过早地采取行动，那么对于杰里米来说，结果可能会完全不同。"

杰里米的老师为他提供了支持，使他的社会技能向着更高一级的水平发展。这一过程被称为"支架"，是基于列夫·维果斯基（Lev Vygotsky）的理论提出来的。正如我们在前面讨论过的，它是为儿童提供适宜的挑战。教师明白，这样做是正确的，因为儿童在成人的支持下获得成功，儿童在其技能不断提高的同时开始对学习活动负责。这样一个儿童尚不能完全独立完成但在成人或同伴的支持下却可以完成的任务区域被称为最近发展区。当某些任务的难度正好落在儿童的最近发展区内时，儿童就能独立地完成这些任务。

> 根据列夫·维果斯基的观点，教育的任务是为儿童提供在其最近发展区之内的学习经验——对儿童的现有能力具有挑战性但在具有敏感性的成人帮助下能够完成。因此，成人对于确保儿童获得最大限度的发展承担着更多的责任，这种最大限度的发展是通过教师对儿童的主动引领来实现的。教师的任务不是在儿童已经做好准备的方面提供指导，也不是给儿童布置已经掌握的、需要心理操作的任务，而是要保证任务难度刚好落在儿童的最近发展区内或者略高于儿童独立完成任务的水平（Berk & Winsler, 1995）。

在下面这则观察记录中，教师提供的最佳教育策略是为儿童提供挑战，同时为儿童提供帮助或支架，使儿童获得成功并克服内心的恐惧。

凯尔（2岁2个月）

最近，每到户外活动时间，凯尔都会去观察其他孩子从滑梯上滑下来和爬上去。我问他是否也想自己爬上去玩。他摇着头说："不。"但是，他还是会每天站在那里，看其他孩子玩。即使他说了"不"，我仍然认为他是具备攀爬和滑动能力的。今天，我对他说："虽然我听到了你说'不'，但我还是认为你其实是想爬上去，然后再滑下来。我抓着你的手，帮你走上去，再帮你滑下来，怎么样？"他睁大眼睛看着我，然后抓住我的手，我们就这样走了过去。在尝试了两次紧紧地抓住我的手之后，他可以自己爬了上去，我只需要站在旁边看着。

图7-3很好地解释了最近发展区原理。

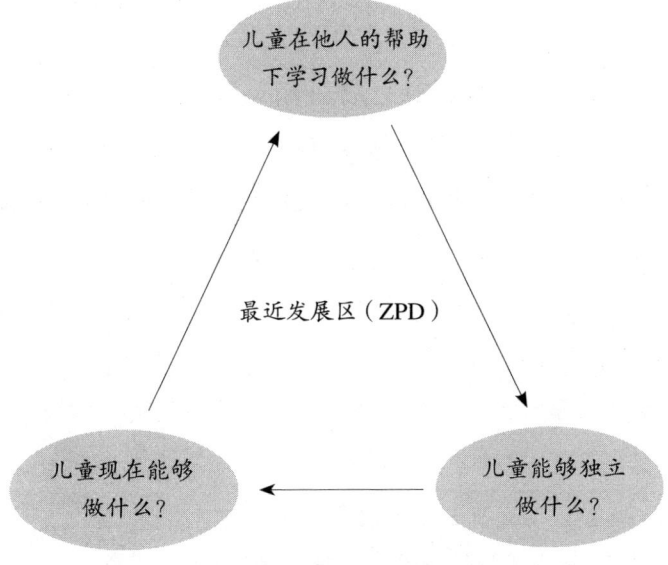

图7-3　最近发展区原理

有时候，帮助儿童获得成功的最佳方式是充分利用同伴互动。这是一种能够让愤怒的儿童转移注意力或者让儿童变得安静的有效教育策略。在下面这则观察记录中，教师已经观察了奥利维亚（Olivia）一段时间，发现她正处于社交孤立的状态中。教师决定利用同伴互动的方法，帮助奥利维亚加入到更多的社会交往活动中。

奥利维亚（4岁10个月）

通常，奥利维亚都是独自一人进行游戏和工作，不去找同伴。如果同伴坐在她旁边，她也会独立工作，不与同伴有任何交往。我想看看，自己是不是可以帮助她参与到社会交往和互动活动中。今天，当她选择去展示有恐龙图片的美工区玩橡皮泥时，我建议莉迪亚（Lydia）去和奥利维亚一起玩。莉迪亚是一个非常健谈、喜欢与人交往的孩子。我想两个孩子一起玩能让奥利维亚多一些交往的机会。在一起玩橡皮泥并观看恐龙图片时，两个女孩交谈着恐龙能做什么、吃什么。在餐点时间，她们坐在一起，继续交谈。我的办法成功了。

有时候，教师设计的课程包含了为儿童设计的一些特别活动，或者为他们提供的一些额外资源。在下面这则观察记录中，教师觉得他需要在课程中提供有关儿童学习第一语言的资源，以反映儿童的文化背景特点，同时发展儿童的沟通技能。

佑太（2岁）

佑太刚入园时，只会通过手势与人沟通。我请他的妈妈教我一些日语。我在班上投放了日语图书，还买了一张日本音乐CD。现在，佑太能用日语跟我交流，也能理解一些英语单词的含义。他经常会看日语图书，也会让我们读英文书给他听。

在下面这则观察记录中，教师提供了额外的材料、资源和活动，回应儿童的兴趣需要。

塔内莎（Taneisha）（5岁2个月）

一场暴雨后，通往活动室的人行道上爬满了蚯蚓。我从室内拿了一个自助餐厅常用的托盘走到室外，将几条蚯蚓放在托盘中，然后把它们带回来供儿童研究。所有的儿童都对此非常感兴趣，塔内莎的兴趣更是超过了其他人。她花了15~20分钟安静地看着，观察蚯蚓在托盘里来回蠕动。我问塔内莎想不想用橡皮泥制作蚯蚓。她的眼睛一下子亮了起来。她在装有蚯蚓的托盘附近玩橡皮泥，捏了许多蚯蚓。塔内莎花了更多的时间观察蚯蚓，分析图片内容。我将其中一些图片内容讲给她听，邀请她制作自己的蚯蚓书。她告诉我："一些蚯蚓是长的。它们不像湿湿的草。它们看起来也不像是有眼睛的。"尽管在雨季结束的时候，我们把蚯蚓送回了室外，但塔内莎在活动结束之后的很多天里仍然兴趣盎然地去看它们。

为群体儿童制订课程计划

在观察一群儿童时，教师会发现，在一天中的某些环节进行观察会比在其他环节进行观察更为顺畅。关注儿童在一日生活中是怎样协商安排时间的，有助于教师判断一日生活中各类活动、常规环节和过渡环节的时间分配比例是否达到了适宜的平衡，从而减少儿童被动学习的时间，为儿童提供更多的主动学习机会。教师每天都需要对一日生活的运行情况做出评估。教师发现，活动的节奏需要根据儿童的需要加以调整。即便如此，观察儿童仍然能够帮助教师看到一日生活的哪个环节出现了问题。花一周左右的时间去关注儿童在一日生活中常出现问题的那些环节，能够使教师对问题产生的原因有清晰认识，同时在深思熟虑后更好地处理这些问题。做出改变并让儿童开心地参与到一日生活中，是一种明智的选择。

教师也可以利用观察儿童获得的信息来为群体儿童制订课程计划。在开展这项工作前，教师仍需观察儿童的个体发展情况并将其记录下来。但是，教师需要根据不同的目的对记录内容进行编辑。教师需要回答，对于这群儿童而言，哪些策略会奏效？哪些不会？基于对该问题的回答，教师需要采取以下部分或全部策略。

> 罗斯玛丽："观察是我为什么这样了解儿童的重要原因。我了解他们的个性、他们是怎样和朋友相处的、什么时候以及怎样做才会让他们感到舒服（如和朋友一起玩游戏、自己玩游戏）、他们完成任务时的专注力和坚持性如何、他们的语言和词汇水平如何、他们的数学和计算能力如何等。这些都有助于我从儿童的个体发展角度和群体发展角度制订最适宜的课程计划。"

- 根据需要，重新规划活动室的学习环境，调整材料的投放方式，关注儿童对环境和材料的个性化选择，发现什么区域容易出现问题
- 开展适宜的活动，提高儿童对活动的参与度
- 基于儿童的兴趣及其感兴趣的问题制订课程计划
- 保持一日活动安排的灵活性，满足儿童的需要
- 关注儿童的文化背景，对家长的育儿方式保持较高的敏感性

在从更广阔的视角去思考面向群体儿童的课程设计时，观察记录能够帮助教师加强对儿童的了解，同时帮助教师对课程进行调整和改变，从而引导教师和儿童获得成功。

环境和材料

每天，教师都通过对儿童的观察来判断自己创设的环境是否满足了儿童的发展需要。在观察到儿童出现不良的行为、错误地使用材料或出现深度挫折时，教师就应该知道，这些其实说明儿童在某些方面出现了问题。游戏时出现的是吵闹声而不是令人愉快的交流声，就是一种信号，表明某个活动区

的活动出现了问题。有时候,教师会看到某个活动区或某套材料无人问津。有时候,教师会看到太多儿童想要玩某套材料或想要进入某个活动区,但材料和空间却有限。

很多早期教育机构的活动室会被划分出不同的活动区或学习中心。对于年龄稍大的儿童来说,早期教育机构每天会为其预留一段相当长的时间,以便他们能够在不同的活动区进行游戏,从各种游戏活动中选择自己喜欢参加的游戏,然后与同伴及成人互动。绝大多数早期教育机构都包括以下活动区。

- 艺术区
- 积木区
- 表演区
- 美工区
- 科学/数学区
- 音乐/运动区
- 图书区
- 感官区
- 读写区

佩吉:"我认为,观察记录可以确保我做的事情就是我想要做或正在为儿童做的事情。在我确信每名儿童都有机会按照自己的速度进行学习后,我会利用观察记录来判断儿童是否达到了相应的儿童早期学习标准或者是否正朝着目标发展。我总是在跟随儿童的兴趣,满足儿童的个体发展需要。"

密切关注儿童在这些活动区中做出的选择以及他们参与活动、与他人互动的水平,是评估学习环境有效性的方法之一。在观察儿童时,教师可以使用下面的选择记录表(见表7-1和表7-2),将儿童参与活动区的情况快速记录下来。如果观察的是某名儿童,教师要做的是在表格的各个活动区名称下方的空格内做相应记录。教师也可以将儿童与活动区材料的互动时间记录下来。如果观察的是几名儿童,教师可以在他们当天选择参加活动区名称下方的空格内写上相应儿童的名字。相关表格可见附录。

罗宾:"我负责教3岁的儿童。带着明确的目的去观察儿童,要求我依据过程导向的思路来规划学习环境,这使得我有时间全神贯注地观察儿童,把那些应记录的事情全记录下来。"

表7-1　幼儿选择记录表
（可用于记录幼儿个体或群体行为）

日期：_____　　儿童：_____

艺术区	积木区	表演区
美工区	科学/数学区	音乐/运动区
图书区	感官区	读写区

表7-2　学步儿选择记录表
（可用于记录学步儿个体或群体行为）

日期：_____　　儿童：_____

绘画区	积木区	表演区
美工区	爬行区	攀登架
图书区	感官区	摇摇椅

教师通过观察儿童选择活动区的情况，可以更好地了解儿童。通常，儿童会一而再、再而三地进行某项活动。在教师看来，儿童在做重复性的事情。然而，教师也总有一个充足的理由去解释儿童为什么总喜欢参加同一项活动或者选择同一种材料。在观察重复参加某项活动的儿童时，教师需要考虑以下问题。

- 儿童可能在活动中获得舒适感，因为他们熟悉那些活动或者他们在家参与过类似的活动
- 儿童可能害怕尝试新事物
- 儿童如果能够轻易地完成任务，那么就会获得成就感，因为这些任务是他们曾经完成过的
- 儿童掌握了活动所需的各种能力，之所以重复参加是因为他们想获得更佳的表现。要做到这一点，儿童需要运用自己正在学习的某项技能

儿童选择在活动区重复参与某项活动，其实是在向我们展示他们的个性特征和发展优势。具有美术才能的儿童可能每天都去画画。在每天的户外活动时间，身体非常棒的学步儿会尽自己最大的努力去运用自身大肌肉并顺利爬到攀登架的顶部。非常健谈的儿童会邀请其他儿童加入到利用表演服装和玩偶进行的表演游戏中。儿童由于具有较好的语言运用能力，所以会主导整个游戏，对游戏剧本提出很多自己的看法并负责分配角色。儿童会避开那些需要运用自己尚不具备技能的活动。如精细动作技能发展不佳的儿童很少去选择绘画、数学或使用剪刀的活动。

选择性记录表不但有助于教师确认儿童所做的选择和具有的兴趣倾向，而且有助于教师判断儿童是怎样有效地利用学习环境的。如果教师在某个活动区做了很多记录而在另外的活动区几乎没有做记录，那么教师就需要在记录表上做些调整。下面提供了两份选择性记录表的案例。表7-3适用于幼儿，教师对时间做了一些记录。表7-4适用于学步儿。

表7-3 幼儿选择性记录表（案例）
（可用于记录幼儿个体或群体行为）

日期：2月10日　　　　姓名：米格尔（Miguel）（3岁8个月）

艺术区	积木区	表演区
10分钟	0	5分钟
美工区	科学/数学区	音乐/运动区
9分钟	0	0
图书区	感官区	读写区
0	15分钟	0

表7-4 学步儿选择性记录表（案例）
（可用于记录学步儿个体或群体行为）

日期：4月15日　　　　姓名：梅肯拉（Makenra）（1岁6个月），耶西（Jesse），
　　　　　　　　　　　　（1岁10个月），哈瑞尔（Hurriell）（2岁）

绘画区	积木区	表演区
H	M, J	M, H
美工区	爬行区	攀登架
J	H, M	J
图书区	感官区	摇摇椅
—	M, J, H	M

教师关注儿童的行为表现，努力发现哪个活动区出现了问题。记录儿童掉眼泪和愤怒的区域，有助于教师重新安排设施设备、置物架和材料。根据观察调整设施设备的布置、材料的组织与空间的利用，能够对儿童的行为产生戏剧性和积极的影响。

在对学习环境加以分析并确认儿童的不良行为发生在哪里时，教师要做的第一步工作是记录下这些行为发生的地点。一些教师会把即时贴贴在儿童出现不良行为的活动区上方（确保儿童够不到）。教师连续几天或一周这样做，能够发现哪些活动区是需要调整的。教师会注意到，交通是儿童行为问题产生的根源。如儿童想穿过积木区去玩表演游戏，但意外却司空见惯地发生了，因为他碰倒了别的儿童弄好的搭建物。因此，教师要对置物架进行重新安排，保护建构区不受干扰，同时变更活动区的交通路线。一种有效的做法是教师双膝跪地，这样就能以儿童的视角（也可以坐在儿童椅上）分析环境。从儿童的视角出发有助于教师评估环境的安全状况：橱柜的棱角处是否张贴了易碰标识？摆放画架的地方是否有足够的空间，可供双腿在画架下自由活动？这一视角还有助于教师洞察到被清晰划定的活动区是怎样呈现给儿童的。儿童不愿意进入某个活动区，可能是因为他们无法看到哪些材料可以被利用，也可能是因为活动区没有借助置物架和桌子对界限进行清晰划定。

集体活动和小组活动

教师怎样才能知道自己为儿童设计的活动是合适的？可以依据哪些迹象来判断？对成功的课程设计进行评估是教师自然而然会去做的一件事。评估既涉及儿童，也涉及以后对这件事情所做的各种反思。在看到以下这些迹象后，教师就知道活动设计是合适的。

- 儿童的眼睛明亮而有光。在参加活动时，他们面带微笑且充满热情
- 儿童参加活动的时间持续了很久（根据儿童年龄的不同，停留时间从10~30分钟不等）

- 儿童会告诉你，他喜欢现在做的事情，会说类似"这很有意思""我喜欢橡皮泥"这样的话
- 在活动结束后一段时间内，儿童会要求再次参加活动或者谈论活动开展时的情景
- 在儿童参加活动时，教师很少看到他出现行为问题
- 儿童以超出教师最初计划时设定的水平开展活动。在活动中，儿童加入了自己的观点，使用了新的材料或者以不同的方式使用材料

相比之下，教师怎样才能知道某项活动未奏效或不合适？有时候，教师刚好目睹了儿童在活动中遇到的困难。此时，想要尽力让所有参加活动的儿童都把注意力聚焦在活动上是不现实的，正如下面这则观察记录呈现的。

集体活动

  在集体活动时间，教师借助栩栩如生的图片和简短重复的文字，为16名坐在地毯上的3岁儿童读一本书。教师有着迷人的讲故事风格，绝大多数孩子在认真听，但有两三个孩子没有认真听。教师停下来警告："南森（Nathan），坐下。乔纳森（Jonathan），把你的鞋穿上。"读了一两页后，教师又停下来，说："霍利（Holly），管好你的手。"所有的孩子都把目光转向了霍利，开始谈论他摸了谁和他为什么这么做。在教师继续讲故事时，更多的孩子变得坐立不安，其中一些孩子开始玩身后架子上放着的玩具。在故事即将讲完时，教师用恼怒的声音说："好了，所有人注意，现在是听故事时间，不是让你和朋友或玩具一起做游戏的时间。"现在，绝大多数孩子已经变得对故事不感兴趣了。集体活动就这样伴随着一名失望的教师和一群坐立不安的儿童结束了（Loomis & Wagner, 2005）。

儿童在用残忍而又诚实的方式告诉教师，他们对你组织的活动不感兴

趣。儿童主要通过自己的一些行为表达这一诉求。通过儿童的以下行为，教师可以知道某个活动组织得并不成功。

- 儿童扭头看其他地方或注意力分散、目光呆滞
- 儿童的身体不停地摇晃或活动量超出了活动的要求，儿童无法很好地控制自己的身体，从而做出一些荒唐的动作
- 如果儿童进行自我监控，那么他们会坚持很短的时间，然后投入到他们感兴趣的活动中去
- 总体上，儿童出现越来越多的行为问题
- 在参加活动时，儿童毫无热情（如眼睛不明亮、情绪不兴奋），会问类似这样的问题，如"我必须参加吗""什么时候我可以离开"
- 儿童会说"这太无趣了""我早就知道怎么做这个了"

在看到儿童出现上述行为时，教师需要改变自己的行为，而且越早越好。就之前提到的集体活动的观察记录而言，教师可以停止讲故事，对儿童说："我看到今天有很多人不想听，也不准备听下去了，那么我们把书放在一旁，换个时间再读吧。现在，我们一起跳个舞。"然后，教师放一些大家喜欢的音乐，为儿童提供有意思的和他们愿意参加的活动，释放剩余精力。教师也可以早点结束集体活动，把儿童带到户外，以达到同样的目的。

有时候，教师会针对儿童某些特定技能的发展来设计活动。教师可以制订小组活动计划，记录儿童的行为，对儿童特定技能的发展做出评价。如教师想要3岁儿童和自己一起玩颜色配对游戏，于是设计了一个配对游戏。教师准备了用废旧海报剪成的正方形纸片。在游戏中，教师邀请几名3岁儿童参加。在他们游戏时，教师在记事本上记录下他们配对能力的具体表现。一些儿童乐于参与游戏，另一些儿童则不参与。一些儿童会热情地投入到游戏中，另一些儿童则只停留几分钟。在仔细观察了所有儿童的反应并反思以下问题后，教师知道了这个活动是如何获得成功的。

- 儿童对哪些活动感兴趣并愿意参与其中？我是怎么知道的？
- 有多少名儿童参加活动？
- 儿童喜欢这个活动吗？
- 关于儿童的技能发展，我是否得到了自己想了解的所有信息？

如果教师考虑通过多种方式达成了解儿童特定技能发展水平的目的，那么实施由教师设计的活动就变得非常重要。思考上面提及的观察儿童颜色配对技能的案例。除了利用废旧海报配对这种方式以外，教师还可以提供各种颜色的积木、碗、盘子、绳子、珠子、画笔、纸。教师为儿童提供自主选择的机会，让他们选择符合自己兴趣的材料，允许他们用这些材料做自己想做的事情，允许他们以更长的时间投入到活动中，这就为教师提供了更多的信息，以了解儿童是如何在使用不同材料的过程中理解事物的异同点。

佩吉："在我问'有没有更多你想要知道的事情？'时，儿童通常会提很多问题。作为我们对'农场'这一主题研究的一部分，儿童会提这样一些问题，如'为什么奶牛会有不同的颜色，牛奶却总是白色的？''小狗是从哪里来的？是我好朋友的狗生的吗？''我想要了解大肥猪！'所以，我们的计划是参观农场，努力解答儿童感兴趣的问题。"

儿童的兴趣

基于儿童的兴趣设计活动能够使活动与儿童的联系更为紧密。有时候，一群儿童会无条件地被某个主题吸引，如恐龙或火车。他们会进行与这一主题相关的很多游戏。在教师提供相关材料并回应儿童的兴趣时，儿童会问很多问题并表现得非常兴奋。儿童更乐意参加活动，有时候也会将自己的探究能力和认知水平提升到超出教师预期的高度。设想一下，有多少儿童能够用丰富的词汇描述恐龙的特点，有多少儿童能够理解"灭绝"这个词的基本含义。

仔细倾听儿童提出的问题，关注儿童正在开展的游戏主题，有助于教师发现儿童的深层次兴趣。教师能更深入地理解儿童正在建构的知识。教师通过提开放性的问题深入了解儿童的想法。一群4~5岁的儿童对洗手池下面的管子非常感兴趣。一名儿童问："水去了哪里？"教师回应："你认为它去了哪里？"于是，这群儿童围绕这一问题展开了调查。他们参观了早期教育机构的洗手间和洗手池。教师把各种管子的数量和大小都记录了下来。儿童给马桶冲水，查看户外的下水道出口，提出关于水的去向的各种假设。教师提供建筑用的塑料管道以及下水管道。教师找了很多介绍管道系统和地下排水系统的图书。教师通过引导儿童开动脑筋并为其主动探究提供机会，对儿童的疑问做出持续性回应。

有时候，教师会看到儿童做出荒唐、不适宜的行为，那是因为儿童缺乏可以解释正在发生的事情的相关信息。对身体以及身体发出的声音进行探究，很容易导致傻笑或令人尴尬局面的出现，最终导致儿童不良行为的出现。教师为儿童提供介绍人体和消化系统的图书，帮助儿童把自己的荒唐无知转化为正确的认知。有时候，儿童会出现教师不能理解的行为。如教师看到儿童痴迷于进行以最新的电影或电视剧为蓝本的游戏，而这类游戏经常会恶化为引发儿童受伤或愤怒的导火线。下面这则观察记录描述的就是这样一个事件。

娃娃家

娃娃家里的四个女孩宣布了各自要扮演的角色，分别是妈妈、姐姐、婴儿和女仆。夏洛特（Charlotte）扮演妈妈，她告诉其他人，这是因为她穿着银色的鞋子。

凯伦（Karen）说："我饿了！"

夏洛特说："躺下，孩子。"

凯伦说："我是坐起来的婴儿。"

夏洛特说："你先躺下，让姐姐给你盖上被子，我去给你做麦片粥，然后你再坐起来。"

凯伦说："好吧。"

……

泰迪（Teddy）在玩数字拼板游戏时看到了上述场景。夏洛特与泰迪对视了一下，说："你可以当爸爸。"他在完成拼图后，加入到了她们的游戏中。

"你是爸爸吗？"夏洛特问。

"是的。"

"请戴上红领带。"

夏洛特不知道泰迪的名字，却能告诉他需要戴什么，因为她是妈妈。

女孩们看起来很高兴。"亲爱的，我来拿给你。"珍妮（Janie）说。她是女仆。"现在，那个婴儿看起来是不是很可爱？这是你爸爸，孩子。"泰迪开始摆弄餐具，他非常谨慎地把杯子和碟子对应摆放，就像他往数字拼板里放入拼图一样。

突然间，氛围变了。安德鲁（Andrew）、乔纳森、杰里米和保罗冲了进来，用手当作枪，到处射击。"我们是强盗。你们有金子吗？"

"没有。"夏洛特说，手里还晃动着一个空罐子。

杰里米爬上了冰箱，把一些卡通的塑料食品打翻在地。"举起手来。你们要坐牢。"

"是我们要告诉你们这些！"女孩们跺着脚说。

在早期教育机构中，受媒介影响的游戏可能是一个麻烦。问题之所以出现，是因为这类游戏的开展主要依靠模仿，它也不像儿童根据自己的想象开展的游戏一般，会对儿童发展产生积极影响。教师需要对这类游戏进行更多的干预，保护儿童的安全，鼓励儿童与同伴进行更积极的互动。对于教师来说，基于儿童对战争游戏或超人游戏的兴趣来设计活动并不容易。然而，获得力量和保障人身安全却是对儿童非常重要且具有普适意义的价值观。在战争游戏中体验到力量感和胜任感——如儿童在扮演超人时体验到超级能力——能够帮助儿童意识到自己是强壮有力的，更是能够照顾好自己的独立个体（Carlsson-Paige & Levin，1987）。

在看到儿童进行模仿蜘蛛侠或超人的游戏时，教师能够了解儿童正在探究的内容是什么。如果教师只是干预并尝试中止这一游戏，那么教师会错失了解儿童发展需要的机会。教师发现，游戏是儿童探究的重要组成部分，教师要通过指导让这类游戏超越单纯的模仿，而把它引向更复杂且有益于儿童发展的方向。教师用这种方式，能遏制儿童出现不良的行为，帮助他们掌控游戏的走向并引导他们获得力量感和解决问题的能力（Carlsson-Paige & Levin，1987）。

许多教师发现，鼓励儿童超越媒介影响而进行游戏的方式之一是引导他们开展与权力、安全和冲突解决有关的游戏，这些游戏来源于与神话、怪物、外太空生物、恐龙和恐怖事件有关的各种儿童文学作品。事实上，儿童对恐龙问题的痴迷在很大程度上源于他们内心对安全的渴望。他们把恐龙当作一种安全的怪物，因为这个物种已经灭绝了。

有教师对自己和儿童在玩超人游戏过程中所做的各种尝试进行了详细描述，记录如下。

> 儿童游戏的攻击性减少了。在更密切地观察游戏时，我发现绝大多数儿童踢腿或空手砍的行为转变为"假打"……
>
> 如果游戏对于儿童来说难以掌控或者儿童的动作导致失控行为产生，那么我会要求儿童使用游戏术语……
>
> 我发现，神话故事为儿童进行与忍者神龟主题相同的游戏提供了思路，如进行恐龙大游行、为《三只坏脾气的小山羊》（*The Three Billy Goats Gruff*）的舞台表演搭建大桥、制作怪物面具、阅读怪物类图书……所有这些都成为儿童游戏的常规主题。
>
> 我对儿童喜欢看的动画片持接纳态度，允许他们每个人公开地表达自己的想法……
>
> 我，作为一名教师，需要了解男孩和女孩是如何应对权力、攻

击和暴力问题的，我要知道他们应对方式的差异是什么、相似之处是什么，帮助他们认识到问题之间的关系。

要了解在早期教育机构中如何对关注超人和幻想游戏的儿童施加影响，教师可以参阅艾瑞克·霍夫曼（Eric Huffman）的著作《魔法的斗篷，神奇的力量》（Magic Capes, Amazing Power）和黛安·莱文（Diane Levin）的著作《暴力时代的幼儿教育：打造一间和平的教室》（Teaching Young Children in Violet Times: Building a Peaceable Classroom）。

下面两则观察记录描述了儿童正在开展的权力主题游戏。阅读它们，思考教师应该如何与儿童互动，以显示对他们探究兴趣的尊重，据此支持他们富有成效地开展游戏并从中受益。

怀亚特（Wyatt）（3岁6个月），萨利姆（Salimu）（3岁8个月）

萨利姆和怀亚特在沙盘那里玩。他们一起把沙子装进一个容器里。

怀亚特说："我们来做一块蛋糕吧。"

萨利姆说："对，一块坏蛋糕。"

怀亚特说："对，因为我们是坏人。"

怀亚特说："坏人做坏蛋糕。"

萨利姆说："对，上面放个人。他们被困在我的嘴里。"

怀亚特说："坏人把人放在蛋糕上面。"

萨利姆说："真的！我们要吃掉他们。"

韦伦（Waylon）（3岁8个月）

韦伦在阁楼上和其他几个孩子一起玩消防员游戏。他站在两个孩子面前说："我们走吧，有一场火灾！"一个男孩正要走，韦伦告诉他："回到你的位置上，伙计。回到你的位置上。你坐在驾驶员座位上。"然后，他喊道："我们走吧！又有一场大火！"他走到艺术区，用一条软管假装喷射火焰并再次喊道："这里又有一场大火！"他们跑回到阁楼上，看着前方，告诉其中一个男孩："不，应该有一个驾驶员的位置。"另一个男孩告诉他，自己是忍者神龟。韦伦回应道："忍者神龟不是消防员。这是一辆消防车。你去找一个忍者神龟车吧。"

◆ ◆ ◆

在后面，我们将讨论收集观察记录内容的各种方法。这些内容有助于形成关于每名儿童发展状况的丰富而翔实的描述。我们会讨论几种类型的记录方法，思考儿童能力的发展状况，发现如何为儿童制订后续课程计划。

◆ ◆ ◆

反思

目的：反思对儿童进行的观察记录是如何为课程设计提供支持的。

要做什么：提供案例，说明自己是在什么时间如何找到某名儿童的最近发展区的、开展的特定活动是什么、准备如何支架或提供支持以帮助儿童获得发展以及结果怎么样。

接下来，借助于以下问题为班上的每名儿童制订个性化课程计划。

- 如何确保儿童的兴趣与课程相结合？
- 如何确定一种课程模式具有的文化适宜性？
- 如何在环境创设、材料投放以及人际互动等方面制订计划？

找到自己的观察风格

目的：了解自己的观察风格是如何与课程设计相联系的。

要做什么：在自己的工作日志中，对以下问题做出回答。

- 在制订课程计划时，最常用的方法是什么？
- 观察儿童在游戏中的表现

- 观察儿童在一日生活中的表现
- 观察儿童在教师设计的各项活动中的表现
- 上述哪种方法能够最大限度地调动儿童参与活动的积极性？你为什么会这样认为？
- 如何利用观察记录为课程设计服务？
- 哪些新事物是自己打算在课程设计中加以尝试的？

第八章

怎样建立儿童成长档案？

在本章，教师能够看到，收集到的儿童发展信息汇总在一起的目的是评价儿童的发展状况并设计课程，满足儿童的发展需要。我们与教师分享观察记录的内容，这样就可以去发现儿童发展的强项和弱项，为儿童设计相应的教育活动并提供教学策略。对于教师而言，这是一项非常重要的工作。教师反思自己对儿童了解多少，考虑为其制订的课程计划包括哪些内容，然后实施这一课程计划并对儿童进行观察。

在回顾通过观察了解儿童发展信息时，教师可以借助以下问题进行反思。

- 这名儿童能够做什么？他实际做了什么？他的兴趣是什么？他是如何展示这些兴趣的？他掌握了哪些具体技能？
- 对于这名儿童的发展来说，下一步的课程安排是什么？他还没有达到的发展目标有哪些？
- 基于这名儿童当前的发展强项和兴趣，为了帮助他达到尚未达到的发展目标，你打算做什么？你将运用到哪些材料、活动、教师支持、同伴支持和特殊资源？

本章呈现的观察记录仅能提供关于儿童发展的部分信息。我们并不能像教师那样，对儿童的发展状况有深入的认识，因为我们不了解这些儿童，也不能和他们亲密相处。然而，我们依然强烈地认为，要成为一名优秀的观察者和记录者，要有效地运用通过观察记录获得的儿童发展信息，练习是至关重要的。我们希望教师能够在练习的过程中获得与此相关的有益经验。

克劳迪娅（4岁）

针对克劳迪娅发展表现的观察记录涉及其在多个活动区的具体行为表现。观察发生在几个月前的秋天。阅读下面关于克劳迪娅的观察记录以及我们为了回应前面提出的问题而撰写的反思笔记。

语言能力（4岁1个月）

克劳迪娅宣布："我要和家人一起去图森（Tucson），和我的妈妈、爸爸，还有姐姐。而且，我们要住在一家有游泳池的酒店。"然后，她认真地选了红色、黄色、蓝色和绿色的画笔，开始画彩虹。然后，她画了四个人。她说："看，这是我们一家人在彩虹上。"

书写能力（4岁1个月）

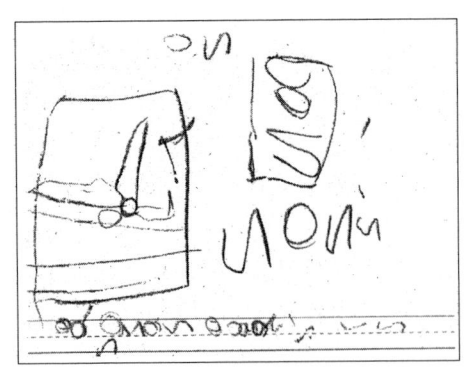

图8-1　书写能力表现作品

克劳迪娅经常要求听故事《睡美人》（*Sleeping Beauty*）并表演这个故事。今天，她拿了几张记录故事用的纸，说："我正在写一个关于睡美人的故事。"她用黑色的钢笔画了一幅画（见图8-1），用水彩涂了色。"这幅画画的是她在床上睡觉。"她说。

问题解决能力（4岁2个月）

现在是午睡起床后的时间。桌子上摆了一些积木。在过去的两周里，孩子们已经探索过它们。现在，克劳迪娅坐在桌子旁，拿了一块黄色六边形，又拿了六块三角形。然后，她把它们摆放成不同形状。她在那里玩了一段时间。后来，爸爸来接她回家。她说："爸爸，快来看我在做什么。"她拆了自己的作品，然后又准确地复原了。

社会性/情感能力（4岁2个月）

每天入园时，克劳迪娅都能够以愉快的情绪和妈妈告别。今天，她安慰了伊米莉亚（Emilia），因为伊米莉亚在妈妈离开的时候哭了。克劳迪娅说："没关系，妈妈还会回来的。"她看着我说："妈妈一定会回来的，对吗，老师？"我微笑地点点头。"我想我妈妈，但是我没有哭。"晚上离园时，克劳迪娅告诉伊米莉亚的妈妈："伊米莉亚因为想您哭了，但是我告诉她，您会回来的。"

粗大动作能力（4岁2个月）

克劳迪娅和奎恩（Quinn）、费尔南多一起在攀登架那里玩耍。他们三个叫喊着、咆哮着。克劳迪娅轻松地爬上了连接平台的梯子。奎恩说："好，我是一头小豹子。"他站在克劳迪娅面前，用手在空中比画着抓了几下。克劳迪娅回应道："现在是两头小豹子了！"她围着平台快速地跑了起来，然后跳上滑梯，又滑了下去。接着，她又跑了一圈，然后爬了上来。

克劳迪娅做了什么？

现在需要思考的问题是：这名儿童能够做什么？她实际做了什么？她的兴趣是什么？她是如何展示这些兴趣的？她掌握了哪些具体技能？在阅读下

面的内容之前，自己先试着回答上述问题。

克劳迪娅谈论自己的家庭和生活，并与他人进行交流。她用积木搭建的作品在设计上颇为复杂。她自豪地向爸爸展示自己的作品，并且准确地进行了复原。她表现出对角色游戏和书写活动的强烈兴趣。她画了一些形似字母的图形，但是还不能够准确地写下所有字母。在奔跑和攀爬的过程中，她保持了身体的平衡和灵活。她了解自己的情绪，能够识别他人的情绪并富有同情心地做出回应。

对克劳迪娅指导的后续安排

就克劳迪娅的发展而言，下一步的课程安排是什么？她还没有达到的发展目标有哪些？

下一步的课程安排包括在已经取得的发展成就上继续帮她有效地使用语言，为她提供锻炼粗大运动肌肉的机会，支持她解决难度更大的问题，增强她对书写活动的兴趣。

为克劳迪娅制订课程计划

基于克劳迪娅当前的发展强项和兴趣，为了帮助她达到尚未达到的发展目标，教师应该做什么？教师需要运用哪些材料、活动、教师支持、同伴支持和特殊资源？

可能采取的一种策略是继续鼓励她使用对话语言，为她示范更复杂的语言。提供更多的材料以帮助她表达自己的观点，有助于提高其问题解决能力。她喜欢玩让齿轮运转起来或打弹珠的游戏。教师可以追随其对豹子和其他动物的兴趣，投放一些非虚构类图书；提供一些写有常用词汇的卡片让她摹写，如"我爱你"。教师通过提供这样的支架，帮助她将书写技能提升到更高的水平。克劳迪娅可以根据自己的喜好，选择将其中一些词和短语作为摹写的范例。教师可以鼓励她继续以同情之心对待其他儿童，要求她在入园环节中成为伊米莉亚的助手。

还有哪些策略能够有效地帮助克劳迪娅在这些领域获得发展？

克里（Corey）（学步儿）

下面这些观察记录呈现的是克里在第一年秋天和第二年春天的一些发展状况。这些观察记录有针对性地描绘了他在不同发展领域的变化轨迹。阅读下面这些关于克里的观察记录，然后在回应前述问题的过程中加入自己的看法。

语言能力（秋天）（1岁2个月）

克里坐在积木区玩积木。班上的一位老师走了进去，克里抬起头看着她，说："嗨。"以前，我也听他叫过"妈妈（Mama）""大大（Dada）""猫咪（kitty）""那个（dat①）"和"球"。

语言能力（春天）（1岁6个月）

克里从图书区选了一本名为《你能单脚站立吗？》（*Can You Hop?*）的图书。他把书拿给坐在摇椅上的老师。克里转了个身，以便老师能够抱起他。然后，他说："起来，请（pease②）。"这是我们第一次听到他使用这样的词汇。他还经常指着某个东西问"那是（dat）……"。有时候，他还会重复我们告诉他的话。

问题解决能力（秋天）（1岁2个月）

克里看见一个孩子在玩套环。他爬向那个孩子，伸手去够套环。我拿了另外一套给他。他每次取一个环，然后又把这些环一一套回

---

① "dat"是儿童对"that"一词的误拼。——译者注
② "pease"是儿童对"please"一词的误拼。——译者注

去。他玩了3分多钟。然后，他爬着穿过活动室，爬向书架。他从书架上拿下一本硬纸板书，坐下来自己看书。

问题解决能力（春天）（1岁7个月）

今天，克里拿起了套环，然后把它们颠倒过来，所有的套环都掉了下来。然后，他用右手将这些套环一个个重新套起来。他把套好的套环拿起来，又一次性颠倒。他用右手把这些套环捡起来。然后，他又用右手捡起来一条玩具蛇。他握着玩具蛇，用左手把最后一个套环套上去。他成功地套完了所有的套环，但是这些套环并没有按照某种特定的顺序套在一起。

社会性/情感能力（秋天）（1岁1个月）

克里早上来园看见我的时候，满面春风，开心地笑着。然后，他走过来让我抱他。我把他抱起来以后，他用手拍着我的背，然后在我的脸上亲了一下。

社会性/情感能力（春天）（1岁5个月）

我抱着一个孩子，让他坐在我的腿上。克里走了过来，拍了拍他的腿。然后，他把手里的玩具递给了这个孩子。

精细动作能力（秋天）（1岁3个月）

克里看见一些孩子在桌子上涂色，于是走了过去。他选了一支紫色的画笔，用右手握住画笔，在纸上自上而下地随意画一些符号，从一边一直画到另一边（见图8-2）。

图8-2 精细动作能力表现作品

精细动作能力（春天）（1岁8个月）

在秋天的时候，克里还不能很好地控制画笔。现在，他已经表现出很好的控制能力，能够画水平线了。今天，他选了一支蓝色的画笔，右手熟练地握着笔，来来回回地画一些符号。然后，他把画笔换到了左手，也是熟练地握着笔，画了一些符号。之后，他把画笔又换到了右手。这一次，他像握铅笔那样握着，画了一些水平线。他还用笔狠狠地在纸上戳了一些圆点，尝试画一些类似圆形的符号（见图8-3）。

图8-3 精细动作能力表现作品

粗大动作能力（秋天）（1岁2个月）

克里开始尝试不扶着任何东西或成人独立走路。有时，他会摔倒。尽管他的平衡能力已经比较好了，但在很多的场合中仍然会快速爬行，而不是走路。今天，他离开餐桌，朝着鱼缸走去。快走到鱼缸的时候，他虽然摔倒了，但还是迅速地爬完了剩下的路。

粗大动作能力（春天）（1岁7个月）

克里现在可以不用爬了。他能够很自如地走路，甚至能够跑但又不会摔倒。今天，在户外活动时，他对一些木片产生了浓厚的兴趣。他跑到攀爬区，蹲下身子，捡了一些木片放在手里。然后，他把这些木片扔向空中。当木片掉下来的时候，他哈哈大笑了起来。

克里做了什么？

在阅读下面的内容之前，自己尝试回答关于克里的这些问题：他能够做什么？他实际做了什么？他的兴趣是什么？他是如何展示这些兴趣的？他掌握了哪些具体技能？

克里能够用语言描述周围环境中的事物，能够请教师给事物命名。他能够将两个词组合在一起，能够通过拿一本书并说"起来、请"等要求教师读给他听。通过拆解和组装套环，克里对因果关系的理解有了发展。虽然他还不能以一定的顺序把套环套在一起，但他确实知道了应该怎样把套环套在一起并把所有套环都放回去。克里和教师之间建立起了相互信任、健康的依恋关系，能够顺利地和家人道别。他能够识别他人的情绪，表现在他尝试用玩具去安慰另外一名儿童上。在参加艺术创作活动时，他的兴趣主要表现在对画笔的使用上。他从画一些随意的符号发展到画各种不同的符号，甚至画圆形。他能够奔跑和投掷一些小的物体。

对克里指导的后续安排

在阅读下面的内容之前，请回答这些问题：就克里的发展而言，下一步的课程安排应该是什么？他还没有达到的发展目标有哪些？

下一步的课程安排是继续通过各种方式支持他的成长与发展，包括确保他有充足的机会使用语言、尝试解决问题、发展精细动作技能和粗大动作技能、与周围环境中的成人和同伴进行互动。

为克里制订课程计划

教师要根据观察获得的信息为克里制订有针对性的课程计划。基于克里当前的发展强项和兴趣，为了帮助他达到尚未达到的发展目标，教师应该做什么？教师要运用哪些材料、活动、教师支持、同伴支持和特殊资源？

可能采取的一种策略是尽量为他提供新的图书，这些图书中的图画应该是他能够用语言描绘的。教师要继续读书给他听，用简单、短小的句子与他交谈，促使他使用句子的长度有所增加。可能采取的另一种策略是为他提供隐含着不同因果关系的各种玩具,如简单的形状分类器。教师为他提供可以倒出来又能装回去的各种容器,如装满了大小球的篮子。此外,教师通过各种方式支持其情绪识别能力的发展,如与他谈论别人是怎样表达自己情绪的、请他在看到自己和他人表现出某种情绪时尝试用语言进行描述。当他对画画的兴趣越来越浓厚时,教师为他提供运用各种书写和绘画工具的机会,继续为他提供发展走、跑、平衡、攀爬和投掷能力的机会,增进其粗大动作技能的不断发展。

还有哪些策略能够有效促进克里在这些领域的发展呢?

格兰达(Glenda)(2岁)

以下观察记录来自一个家庭访问项目。在该项目中,教师和儿童一起在儿童家里或游戏小组中开展活动。以下记录展现了教师在春天对儿童所做的观察。阅读下面这些观察记录,思考关于格兰达发展的有关问题。以下在春天做的观察记录是怎样帮助教师了解到格兰达的发展状况的?

粗大动作能力(2岁6个月)

今天去做家访时,我和格兰达在她家后院荡秋千。格兰达坐在秋千上,让我推她。我照做了,但她开始喊:"不,不要这么高!"说完,她就开始哭。我拽住秋千,把她抱了下来。然后,我问她想不想去玩滑梯。"不,我害怕。"她说。"我会帮助你的。"我提议。她又说:"不,我们荡一点点秋千吧。"于是,她爬上了秋千,我轻轻地推她,秋千只晃动了一点点。我们在户外待了5分钟,然后格兰达要求回到房间里。

问题解决能力(2岁7个月)

格兰达在玩积木的时候说:"我要为自己的孩子做一把椅

子。"她先把所有积木排成了一排,然后又拿了一些积木,通过将一块放在另一块上面的方式,将积木垒高。后来,积木倒了,她捡起来重新垒高。最后,她告诉妈妈:"看,那张桌子和那把椅子是我给自己的孩子做的。"然后,她将一个洋娃娃放在了用积木做成的椅子上。

语言能力(2岁7个月)

在游戏小组活动时间,格兰达和我一起玩薯头先生(Mr. Potato Head)①玩具。这时,格兰达的朋友走了进来。格兰达说:"来,一起玩吧,坐在这里。"她还说:"这个放在哪里?"

精细动作能力(2岁7个月)

在家访时,我为格兰达提供了铅笔、各种颜色的画笔和白板笔、白板。她选择了白板笔和白板。她用三个手指抓住白板笔。然后,她画了几个圆圈,圆圈下面还画了一条竖线。她告诉我,她在画气球。

社会性/情感能力(2岁8个月)

在游戏小组活动期间,一个孩子因为想妈妈哭了,而他的妈妈其实正在隔壁房间参加家长会。格兰达一边看着他哭,一边走向置物架。她从纸巾盒里抽出了一张纸巾,递给了正在哭的那个孩子。然后,她从那个孩子手里把纸巾抢了过来,帮他擦干了眼泪。格兰达微笑着拍了拍他的后背。

现在,教师把关于格兰达发展状况的所有信息汇总在一起,为她建立了一份儿童成长档案。教师是否希望自己手里拥有能够展示儿童发展过程的全

---

① 薯头先生(Mr. Potato Head)是《玩具总动员》(Toy Story)中的一个形象。根据这一形象制作的薯头先生玩具是美国儿童最喜欢的玩具之一。——译者注

部观察记录？对上述观察记录进行反思并回答以下问题。此外，考虑一下是否还有其他方法可以评价格兰达的发展水平并制订适宜的课程计划。

- 这名儿童能够做什么？她实际做了什么？她的兴趣是什么？她是如何展示这些兴趣的？她掌握了哪些具体技能？
- 对于这名儿童的发展来说，下一步的课程安排是什么？她还没有达到的发展目标有哪些？
- 基于这名儿童当前的发展强项和兴趣，为了帮助她达到尚未达到的发展目标，你打算做什么？你将运用到哪些材料、活动、教师支持、同伴支持和特殊资源？

尼克（4岁）

对尼克的一系列观察涉及在第一年秋天和第二年春天做的各种观察，这样教师才能够了解儿童随时间而发生的各种变化。

语言能力（秋天）（4岁6个月）

尼克正在娃娃家玩。我问他："你能不能打开房门，把小婴儿放到床上，然后再把小男孩放到马桶上？"他按照指令正确地完成了所有任务，然后看着我问道："现在该怎么做？"我又和他做了三个指令性游戏，他也都正确地完成了。他对我说："这太简单了。老师，我能做到。"

语言能力（春天）（4岁11个月）

马特奥（Mateo）和尼克用空心砖建了一座岛。然后，借助于带着纸和铅笔的笔记板，他们轮流绘制地图，标出这座岛的地理位置。马特奥告诉尼克，他可以从岛上跳下来，然后再跳入水中。

尼克说："这里有鱼吗？"

马特奥说："现在，你是一位妈妈。"

尼克说："不，不是，我是船长。"

当有其他孩子加入到游戏中时，马特奥说："我们是海盗。"

尼克说："赞成，赞成，朋友。"

这个游戏以收获了珠宝（漂亮的项链）、食物和卷尺而结束。

问题解决能力（秋天）（4岁7个月）

尼克正在摆弄一些小的图形，我鼓励他在所有的图形中找出形状一样的那些。最初，他关注的是颜色。在我示范了怎样找出不一样的图形后，他能够将这些图形按照形状进行排序，然后又能按照颜色进行排序。唐纳德（Donald）指出了问题所在，然后尼克把图形放进了正确的形状盒子里。

问题解决能力（春天）（4岁11个月）

尼克每周会去游戏中心两三次。他最喜欢的游戏是"糖果乐园"（Candyland）。他经常玩这个游戏，把一些玩具零件放在托盘上随意摆放，或者在托盘上进行颜色图卡的配对。在教师的建议下，他会邀请一位朋友和他一起游戏，并且能玩5~10分钟。

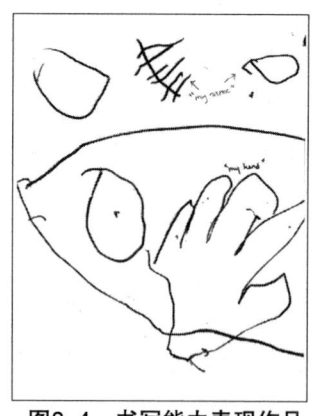

图8-4 书写能力表现作品

书写能力（秋天）（4岁8个月）

尼克今天去艺术区玩。他拿了蓝色的画笔和纸。然后，他坐在桌子旁，看其他孩子正在画什么。他顺着自己的左手边缘画轮廓，然后在纸的顶部画了一些类似字母的形状。"那是我的名字。"他说。他全程用右手作画，而且始终会用右手的大拇指、食指和中指握笔（见图8-4）。

书写能力（春天）（5岁1个月）

尼克经常去书写区，在横格纸或无格纸上写东西。今天，他在线圈笔记本上写了一连串字母。当我问他写的是什么时，他告诉我："我写了妈妈的名字、婶婶的名字、爸爸的名字和哥哥的名字。"在他指给我看时，我在每个名字的下面做了标注。他是用右手写的，握笔姿势正确（见图8-5）。

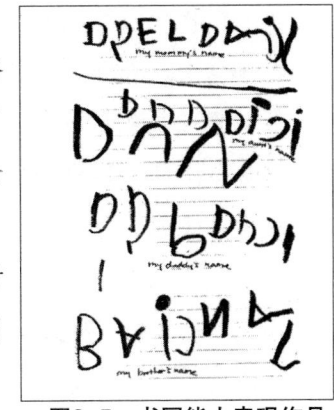

图8-5　书写能力表现作品

社会性/情感能力（秋天）（4岁7个月）

尼克经常选择的户外活动是骑自行车。今天，他从车上下来，去别的地方玩了。这时，另一个孩子跳上了他的自行车。尼克立刻返回来，说："嘿，那是我的自行车。"

另一个孩子说："不，它是我的。"

尼克走向这个孩子，拉住自行车的车把，说："下来。它是我的。"

我走过来问："发生了什么事？"

尼克说："这是我的自行车。"

另一个孩子说："不，是我的。"

我问："你认为我们应该怎么做？"

尼克说："我很生气，因为他拿了我的自行车。"

"他拿走你的自行车时，你在哪里？"我问。

"在那里。"他说着，用手指着沙池。这时，另一个孩子已经对自行车失去了兴趣，尼克重新跳上自行车骑走了。

社会性/情感能力（春天）（5岁）

今天，在户外游戏活动期间，尼克和一个孩子正在玩小汽车。另一个孩子带了一辆有泥的小汽车过来，想要加入游戏中。尼克说："别把那辆车带到这里来，因为它是脏的。"另一个孩子不理他。

尼克抓住那辆车，说："看，你把它弄脏了。"他们把小汽车拉过来拉过去，僵持了几秒钟。后来，尼克放弃了。他拿起另一辆小汽车，把它递给了这个孩子，说："你想玩这辆车吗？它是干净的。"这个孩子拿走了干净的小汽车，把脏的小汽车留在了这里。他们继续玩，又玩了10分钟。

粗大动作能力（秋天）（4岁8个月）

在一次集体活动中，尼克像一条鳄鱼一样爬行，只见他的肚子贴在地面上，用双臂拖动身体在活动室内爬行。他脸上洋溢着灿烂的笑容。

粗大动作能力（春天）（5岁）

尼克走在秋千周围的木板上，努力去保持身体的平衡。在行走的过程中，他关注自己迈出的每一步，一次也没有跌倒。

现在，教师把关于尼克发展状况的所有信息汇总在一起，为他建立了一份儿童成长档案。教师是否注意到，在拥有了至少两段反映儿童发展变化的观察记录后，自己对儿童的了解变得更多了呢？对刚刚阅读过的观察记录进行反思，回答以下问题。此外，考虑是否还有其他方法可用于评价尼克的发展水平并为他制订适宜的课程计划。

- 这名儿童能够做什么？他实际做了什么？他的兴趣是什么？他是如何展示这些兴趣的？他掌握了哪些具体技能？
- 对于这名儿童的发展来说，下一步的课程安排是什么？他还没有达到的发展目标有哪些？
- 基于这名儿童当前的发展强项和兴趣，为了帮助他达到尚未达到的发展目标，你打算做什么？你将运用到哪些材料、活动、教师支持、同伴支持和特殊资源？

◆ ◆ ◆

正如我们在后面对全书内容进行总结时会提到的那样，我们关注通过哪些方法去帮助作为观察者和记录者的教师不断实现自身专业成长。我们发现，教师任职的早期教育机构以及与儿童的相处经验存在很多不同，因此我们提出了一些建议，帮助教师成功而充分地做好观察记录工作。

◆ ◆ ◆

反思

目的：反思观察儿童发生的变化给自己带来哪些益处。

要做什么：思考对观察记录进行反思的价值。

- 一年两次对儿童在具体领域的发展状况进行回顾将如何有效地帮助教师为每名儿童制订符合其学习和发展需要的课程计划？
- 这种类型的观察记录如何帮助教师了解每名儿童的发展强项和弱项？
- 建立一份描绘儿童发展变化的儿童成长档案如何帮助教师更有效地制订课程计划？

找到自己的观察风格

目的：思考创建儿童成长档案的不同方法。

要做什么：将进行观察记录的经验以及在帮助教师制订符合儿童发展需要的课程计划时提供的帮助列出来，对其进行反思。如果教师尚未将儿童成长档案内容用于设计课程，那么教师需要反思的问题是哪些方法有助于将儿童成长档案内容用于教育实践以及如何使用观察记录。

第九章

观察者怎样实现自身的专业成长？

前面，我们已经介绍了很多借助观察记录来了解儿童的方法。我们希望教师借助通过观察记录获得的信息为儿童创造机会，最大限度地促进其发展。

我们鼓励教师形成个性化的观察风格，但同时要考虑所在早期教育机构的实际情况，只有这样才能帮助教师成为一名有素质的观察者。做好准备，等待儿童向教师展现自己能够做什么。尝试使用笔记本、即时贴、检核记录表和移动设备，找到适合自己的记录风格。便携式的书写工具和记录表能够帮助教师在一间忙碌的活动室内记录好儿童的各种表现。回忆发生的事情，做一份清晰的观察记录报告。如果记性不好，教师需要在观察的同时立即进行记录或者在观察结束后尽快记录。如果记性很棒，教师可以在当天某个安静的时刻，如午休时间，把看到的和听到的内容都记录下来。

牢记观察的目的有助于教师清晰地知道什么内容是需要被记录的，懂得如何处理儿童发展的问题。

- 你是在观察儿童、评价儿童的发展吗？
- 你是在观察儿童如何尽其所能地利用室内环境和材料吗？

- 你是在努力弄清楚课程计划与特殊儿童的发展需要是否匹配吗？
- 你是在努力了解儿童的兴趣，以便深入培养他们的兴趣吗？

通过观察获得的信息可用于评价儿童和设计课程。在儿童游戏或与他人互动时，以开放、有准备的心态观察其成长与学习，是一个持续性的过程。如果教师刚进入早期教育领域，那么他将无法像有经验的教师那样去清楚地判断儿童各方面的能力水平。教师要给自己一些观察儿童的时间，了解活动中儿童的表现。教师要将自己看作是儿童发展领域的一名研究者，问自己："儿童向我展示了什么？儿童能够做什么？"只记录事实，不带有任何解释性的语言，能够为教师的研究提供证据。将这些证据与儿童早期学习标准、儿童发展检核表或各种参考资源相联系，能够帮助教师形成对不同年龄段儿童的合理发展期望。

有经验的教师能够成长为观察者和记录者。成长最重要的一步是形成看待问题的多重视角。有时候，要完成这些事情并不容易。自我反思以及与同事的讨论可能会存在偏见，但这些却能够提升教师的能力。这一能力是基于事实的，而不是先入为主的观念或对儿童的偏见。

适应早期教育机构的特点

每个早期教育机构都是独一无二的，它可能是儿童保育中心或者学前班，也可能是自己运营的家庭儿童保育机构，还可能是提前开端项目机构。教师可能要定期进行家访。不论所在的机构是哪种类型，教师都需要知道如何进行观察记录，以便建立一套可持续发展的系统。

如果教师就职于某个团队，那么最有效的做法是将观察记录的任务分解到团队中的每个成员手中，确保所有儿童都能够被观察到。观察记录要覆盖儿童发展的所有领域，这需要团队中每个成员都参与到沟通工作中。留出一些时间来讨论谁负责观察以及在什么时间撰写记录是非常必要的。定期召开团队会议，哪怕只有5~10分钟的时间（务必记住我们之前提出的花5分钟时间召开团队会议的建议），这有助于所有人的工作保持一致，同时让大家有机会分享自己观察到的内容并安排下一步教学。反思和分享对于课程设计来说，是非常必要的。

如果任职于家庭儿童保育机构或者其他需要自己独立承担工作任务的教育机构，那么教师有必要考虑采用哪些方法来让观察记录融入日常工作中。教师要认识到自己的主要任务是照顾儿童，这有助于确定工作任务的轻重缓急。书写工具可供教师记录观察到的儿童行为，这为观察记录提供了保障。教师要留出一些时间进行自我反思，使自己有机会设计更符合儿童发展需要的教育活动。

不论教师是否做过观察记录，以下建议都有助于教师顺利地开展这项工作。

- 为自己创设机会，进行观察记录练习
- 对自己宽容一些，因为学习任何新事物都需要时间
- 尝试不同的记录方法，找到最适合自己的方法
- 和同事一起谈论他们在观察记录方面获得的有益经验
- 在做观察记录时回忆自己掌握的儿童发展信息
- 与家长、同事和儿童分享自己对儿童发展的认识

前面，我们建议教师撰写工作日志，以回应每章提出的问题。我们的目标是帮助教师找到自己作为观察者所应具备的独一无二的观察风格。我们鼓励教师在反思自己的观察记录工作时使用工作日志。持续的反思有助于教师将观察整合到自己的日常工作中。记录将帮助教师对自己在课程实施过程中遇到的高潮和低谷问题做出反思，最终通过集思广益找到改进的方法。只有实践才能带来改变。最有效的学习来自于不断解决在尝试错误的过程中遇到的各种问题。

与儿童相处

儿童对成人的奖赏是让成人看到自己具有的能力。这些能力表现在儿童如何与环境相互作用、儿童如何认识环境中的世界和他人等方面。儿童期可能是人一生中独一无二的一个发展阶段。在整个儿童期,儿童能够开放地、无拘无束地、自由地游戏或与他人、环境进行互动。我们通过亲身体验去发现、见证这一过程。为充分了解儿童的成长与学习,教师需要对儿童的行为进行反思,需要时刻牢记问题的核心是学会与每一名儿童相处。

德布·柯蒂斯和玛吉·卡特从其个人经验和专业发展角度出发,提出了教师应该具备的专业特点。这些专业特点同样可运用到培养教师应该具有的观察能力上。

- 对儿童的学习和发展感到好奇
- 重视儿童的游戏
- 期待连续不断的变化和挑战
- 愿意冒险,不怕犯错
- 有规律地自我反思和反省
- 寻求合作、指导和同伴支持
- 扮演监察人和检举人的角色

最后一种专业特点有其特殊的意义,因为观察结果的有效运用能够使教师成长为儿童事业倡导者和早期教育领域的专业人士。正如我们在本书中讨论的那样,早期教育领域提倡的专业建议是对儿童进行观察式评价,而非对他们进行测试。教师必须站在儿童的立场,告诉他人要以适宜的方法来评价儿童的发展。同时,基于对儿童表现的客观记录,教师通过将其与被广泛认可、具有文化敏感性的儿童早期学习标准联系,证实观察式评价的有效性。

教师通过学习相关知识，与同事一起真诚分享和交流自己对评价的理解和认识，从而对儿童的生活施加影响。

在一些早期教育机构中，教师可能无权选择儿童发展评价工具或方法。美国的一些州资助的项目也要求必须使用特定的儿童发展评价系统。如果身处此类境地，教师仍可以按照自己认可的、对儿童有益的方式去做。即使被要求使用的儿童发展评价系统在本质上不是观察取向的，教师仍可将观察记录作为保教实践工作的重要组成部分。教师要坚持观察儿童，坚持做好记录，知道自己正在获得有关儿童发展的哪些重要信息。

为儿童的成长与发展感到高兴

想象在美丽的春天，一个3岁的女孩自由地在操场上奔跑。她在攀登架上攀爬，在平衡木上行走，然后又去荡秋千。在整个过程中，她的脸上始终挂着灿烂的笑容，伴随有愉悦的情绪，对自己的身体运动能力充满自信。希望教师牢记，观察儿童的最重要任务是喜欢儿童。儿童并不总是需要教师的干预或为其提供特别设计的课程。这名女孩的身体运动表现可视为对其活动行为进行观察后做出的评价。从对其身体运动能力的发展水平进行评价的目的来看，她从奔跑、攀爬、荡秋千和平衡木行走中获得了极大的快乐。虽然这看起来有些离题，但让她从活动中获得快乐真是最大的价值。

◆ ◆ ◆

现在，我们重新理解了"评价"的含义。在前面，我们提到这个词来源于拉丁语"assidere"，意思是"坐在一起"。喜欢儿童，与他们坐在一起，出于不同的目的观察他们的行为，这才是真正的与儿童"坐在一起"的含义。作为一名评价者，作为一个坐在儿童旁边的人，其另外一层含义是"尊重他人的地位和尊严的人"（Wiggins，1993；Marzano & Kendall，1996）。在欣赏儿童的表现时，每个人都要默默地对儿童表示感谢，感谢儿童让我们有幸走进其生活。坐在一旁，微笑。当儿童快乐地沉浸在自己的生活中时，和他们一起快乐。为童年喝彩。与儿童待在一起，反思自己是如何观察儿童并如何向他们学习的。

◆ ◆ ◆

反思

目的：反思自己的成长和学习经历。

要做什么：在观察儿童时，将工作日志作为反思自身成长和学习经历的一种方法。将工作日志作为强调观察儿童重要性的一种方法，作为喜欢儿童、与儿童相处的一种方法。了解儿童是怎样向我们展示他们具有的开放、真诚的态度的。

找到自己的观察风格

目的：在观察与其他工作之间建立平衡。

要做什么：回答以下问题。

- 为了能够在忙碌的工作中留出足够时间并尽可能多地了解儿童的发展水平，自己需要做哪些努力？
- 为了在通过观察记录规划儿童的发展与欣赏儿童的独特性之间保持平衡，自己可以采取哪些方法？
- 有什么事情是自己想要继续跟进的？

附录 1
可供反思的观察记录

以下观察记录可供教师根据不同的目的使用。教师可做以下任何一件事情。

- 阅读它们，将其视为针对不同年龄段儿童特点所做的高质量观察记录
- 分析儿童的行为体现了儿童早期学习标准的哪些要求
- 将儿童表现与自己熟悉的某种儿童发展评价工具相联系
- 基于对儿童行为表现的观察记录，考虑下一步应该采取的教学策略
- 掌握利用观察记录的内容与家长沟通的方法，这样就可以对儿童各项能力的发展有更多的了解，进而设定后续发展目标

婴儿/学步儿观察记录

莱拉（Laila）（3个半月）

莱拉的脸朝上，身体平躺着。然后，她将身体转向一边，差点翻过身去。我评论了她所做的各种尝试，她看着我笑了。

乔治（George）（2岁10个月）

今天户外活动时，宝琳娜（Paulina）在草地上摔倒了，哭了起来。乔治跑进活动室，给她拿了泰迪熊，说："你受伤了，泰迪熊能让你感觉好一点儿。"他把泰迪熊递给宝琳娜，拍着她的后背说："你现在好些了，对吗？"

马库斯（Marcus）（10个月）

马库斯爬上了铺着毯子的小斜坡，然后从铺着毯子的台阶上爬了下来。他这一动作大概持续了5~6分钟，脸上始终挂着灿烂的笑容。

阿德里亚娜（Adriana）（2岁6个月）

早晨，阿德里亚娜一直重复说："凯恩（Cane）在这里吗？凯恩在这里吗？"当我问她"你是在等凯恩吗"时，她不停地点头并微笑。15分钟后，当凯恩和他的爸爸走进活动室时，阿德里亚娜跑过去，给了凯恩一个拥抱并说："凯恩在这里。"

朱莉安娜（Juliana）（1岁5个月）

朱莉安娜一手拿着玩偶一手拿着毯子，摇摇晃晃地朝教师走去。她把玩偶和毯子递给教师，说："把小婴儿裹起来。"教师把裹好的玩偶递给她，她把它抱在怀里摇晃着。

艾伦（Allen）（2岁）

艾伦透过门上的窗户看着外面的操场。他尖叫着，不停地跺脚，用手指着外面。我问他："艾伦，你看见外面发生了什么？"他跑到我身边，抓住我的手，拉着我来到门口。他再次用手指着外面，说："小狗！小狗！"我回应道："哇哦！那是一只大狗！"艾伦说道："漂……小狗！漂……小狗！"我回应道："噢耶，你爸爸总是说'漂亮的小狗'。"

润恩（Wren）（8个月）

润恩平躺在地板上，手里拿着一块积木。我看到润恩的哥哥哈登（Haden）站在门口，然后就问他要不要进来。他告诉我，他来这里是看他的小妹妹的。当他打开门并大喊"润恩"时，润恩迅速地把头转向哥哥，扔下积木，开始踢腿。哈登蹲在润恩身边，在她脸上和脖子上亲了几下。润恩笑了起来。

晨（Chin）（1岁2个月）

今天，我们在活动区的桌子上放了很多灯箱。晨摇摇晃晃地走到桌边，把不同颜色的图形沿着桌边摆了一圈。他一共花了5分钟。在整个过程中，他面带微笑，始终自言自语着。

胜（Katsu）（2岁）

这一周，每次当我去走廊拿孩子们的外套时，胜都会问我："需要帮忙吗？"我们把孩子们的外套一件一件地从挂衣钩上取下来，然后把它们叠放成一摞并放在门外。今天，我举起一件紫色的外套，问："你知道这是谁的外套吗？"他答道："艾娃（Ava）的！"我又拿了一件蓝色的外套问他，他说："惠子（Keiko）的！"我拿起第三件外套，他马上大声喊道："我的！"

本（Ben）（6个月）

当韦斯顿（Weston）嘴里咬着拨浪鼓爬过来的时候，本正平躺着。本抬头看着韦斯顿，爬起来，伸出左手去拿拨浪鼓。然后，本张开右手，努力朝拨浪鼓的方向伸去。接下来，本努力地把左手伸得更远。最终，本抓住了拨浪鼓，从韦斯顿的嘴里把它拔了出来。本重新平躺下，晃动手臂，开始摇拨浪鼓。

丹妮（Danni）（1岁8个月）

有一天，丹妮在院子里和她6岁的姐姐艾丽卡（Erica）踢足球。艾丽卡问："丹妮！你能踢到它吗？这里，先看着我！"艾丽卡把足球踢了出来，丹妮赶紧去追。丹妮在足球前停了下来，用右脚把足球踢出去。她看着足球向前滚动，然后在她前面3英尺的地方停了下来。她跑过去，用右脚又踢了一下足球。她又玩了5分钟。艾丽卡喊："哇！现在你可以像我一样踢足球啦！"

婴儿/学步儿观察记录所涉及的儿童早期学习标准相关领域

在上述观察记录中，我们看到了儿童的发展领域。对于婴儿和学步儿而言，我们参考的是美国蒙大拿州婴儿和学步儿学习标准。我们鼓励教师使用自己所在地区的儿童早期学习标准或所在机构的儿童发展评价工具。

莱拉（3个半月）

粗大动作：能够向身体的一侧滚动

情绪情感：能够回应他人的关注

接受性言语：说话时能够微笑

乔治（2岁10个月）

社会性：通过给他人喜欢的玩具，对他人进行安慰

表达性言语：能够运用词汇或符号表述事件发生的全过程

马库斯（10个月）

粗大动作：爬行

认知能力：问题解决

阿德里亚娜（2岁6个月）

社会性：喜欢与同伴一起玩

表达性言语：能够运用词汇或符号来表述事件发生的全过程

朱莉安娜（1岁5个月）

社会性：在需要时能够通过语言或动作进行求助

问题解决：知道以综合的方式来操控熟悉的物体

艾伦（2岁）

表达性言语：清晰地说话以便熟悉的人听得懂

社会性：通过交谈与熟悉的人保持互动

润恩（8个月）

接受性言语：在听到自己的名字时能够做出反应，可能会把头转向说话者的方向

社会性：能够回应他人的关注

晨（1岁2个月）

问题解决：能够对物体或任务进行探究以达到自己的目的

粗大动作：能够朝着环境中感兴趣的事物移动

情绪情感：能够表达自己喜欢或不喜欢的情感

胜（2岁）

认知能力：能够将玩具和其他物体分类摆放

表达性言语：能够以言语或非言语的方式对提问或简单要求做出回应

本（6个月）

精细动作：能够伸手去够和抓住某个玩具、物体或人

社会性：能够回应他人的关注

丹妮（1岁8个月）

粗大动作：能够行走并最终跑起来

社会性：能够热情地与其他儿童一起玩

接受性言语：能够按语言指令做出相应的动作

幼儿观察记录

莉迪亚（3岁2个月）

莉迪亚用彩色的马克笔画画。她先是将马克笔握在两只手之间来回搓，然后用力攥住画笔在纸上画。"看，这是我画的点。"教师提醒她过度用力了，因为她把笔尖弄坏了。于是，她在画点的时候拿笔轻了很多。后来有一天，她用彩笔作画。这一次她用右手握住画笔，在纸上画了一些小圆圈。她说："看，老师，我这次能轻轻地画了。"有一些圆圈涂了颜色，有一些没有。

托马斯（Tomas）（4岁4个月）

今天在积木区，托马斯和胡安（Juan）一起建了两座对称的塔。托马斯说："你建的时候必须注意，不要让它们倒下来。"胡安摆放每一块积木的时候都很小心。在结束时，两个男孩子把积木放回到积木架上，按照架子上标签标注的大小和形状对应摆放。

恩珠（Eun Joo）（4岁8个月）

恩珠经常去艺术区玩，每次在那里都会工作10~15分钟。她会用左手握笔，使用不同颜色的画笔在画架上作画，画面细节十分丰富。她也会花时间去视听中心玩，在那里不停地听故事。在遇到问题时，她会尝试自己解决，有时候也会寻求别人的帮助。今天，她在使用耳机和录音机时遇到了问题，于是去找教师帮忙。她说："老师，它们无法正常工作了，您能帮帮我吗？"

珍妮（Jenny）（3岁1个月）

珍妮把不同颜色的小熊、小汽车和恐龙图片分别排成行（没有遵循某种特定顺序），然后用一个小毯子把它们盖起来。"它们在睡觉。"她说。当把小毯子拿开时，她说："起床了！起床了！"在参加别的活动之前，她又继续玩了3分钟。莱斯特（Lester）坐在珍妮旁边，一直看着珍妮。然后，他也尝试将自己手里的小玩具进行分类排列，包括贝壳、纽扣和各种颜色的积木。当珍妮用小毯子盖住自己的小玩具并说"它们在睡觉"时，莱斯特说："我也是！"他用一只篮子扣住自己的小玩具。当珍妮说"起床了！起床了！"时，他模仿珍妮，把篮子拿开并说："起床了！"在珍妮结束游戏离开后，他也离开了。

斯潘塞（Spencer）（4岁6个月）

今天，斯潘塞把装有小汽车的玩具箱拿到了积木区。"我在建一条公路。"他说。他在地板上摆放了一些小积木，让小汽车在积木上行走，看它能走多远。小汽车走了几英寸后停了下来。"我知道了。"他说。他拿两块小一点的积木当作公路的两端，然后放了一块长条积木在两块小积木上并形成斜坡。他让小汽车从斜坡上滑下来。"万岁！现在它们跑得太快了！"他说。马库斯加入进来，说："咱们建一座大桥吧。"斯潘塞同意了，两个人一起工作了很长时间，其间他们还围绕建大桥讨论应该做些什么。"我们必须建一座高的塔。"斯潘塞说。"好的，让我们来建两座高塔吧。"马库斯说。

科尔（Cole）（5岁2个月）

科尔和其他几个孩子在玩"坐飞机"的游戏。科尔说："我们需要机票。"他走进艺术区，找到了彩纸、剪刀、马克笔，然后又返回来。这时，其他孩子已经摆好了椅子，将其当作飞机。科尔右手拿着剪刀，把彩纸剪成条状，在每张纸条上写上数字。"给，你是1号，你是16号，你是4号。"然后，他带领着每个孩子找到自己的座位，然后把票收了回来。

彼得（Peter）（3岁3个月）

今天，彼得跑到窗前，用手指着窗外飘落的雪花。他面带微笑，拍着手，上蹦下跳着。我请他检查感官操作桌里的沙子湿不湿。他跑到感官操作桌旁观察，但没有用手去摸。在玩沙子的时候，他会利用工具运送沙子，但是也没有用到手。

马瑞奥（4岁11个月）

马瑞奥经常对处理事情的方式发表自己的见解。有一天，我们集体阅读一个故事，一些孩子抱怨看不见。马瑞奥说："让前排的孩子跪下怎么样？这样他们就能看见了。"今天，他建议按照某种方式给餐桌旁的男孩子和女孩子排座位。孩子们同意了，马瑞奥指导每个孩子按照男孩、女孩、男孩、女孩的顺序坐下。由于女孩多，所以最后两个孩子按照女孩、女孩的顺序坐了下来。马瑞奥说："这样也行，改天我们再按照其他方法来排座位。"

克里（3岁）

克里经常自己玩游戏或看其他孩子玩游戏。今天，他站在玩水桌旁，看其他孩子把水灌进管子，然后看着水流到杯子里，最后流进了水车。当我问他是不是也想玩水的时候，他摇摇头，表示不想。我建议他和我一起画画。于是，我们并肩坐在艺术区的桌子旁画画。他左手拿蜡笔，一会儿握笔杆，一会儿抓笔尖，在整张纸上画满了各种符号。我问他是不是在写着什么，他点点头表示肯定。

乔艾尔（Joelle）（4岁3个月）

乔艾尔几乎每天早上来学校时，都会找自己最好的朋友玛丽娅。"想玩过家家的游戏吗，玛丽娅？"她问。在绝大多数情况下，玛丽娅都会欣然同意。在游戏中，她俩分别假装做饭和照顾孩子。乔艾尔主导着游戏的情节，玛丽娅则主要是遵从安排。今天，乔艾尔说："好，妹妹，做烤薄饼的时间到了。我们得给孩子们做早餐吃。"玛丽娅打开游戏用的冰箱，看了看里面的食物，然后找到了薄饼……乔艾尔把盘子一一摆在桌子上，每个盘子里分别放一张烤薄饼。"我们有四张烤薄饼。"她说。

琳妮（Lynnae）（3岁2个月）

琳妮正在音乐区弹奏木琴。这时，苏珊娜（Suzanna）加入进来，开始在琴上乱弹起来。"不！"琳妮大声喊道，"我的！老师！"我走了过去，和两个孩子讨论起轮流参与的问题。琳妮说："不，轮到我了。"然后，她把苏珊娜推开。苏珊娜开始哭。我先安慰了她，然后又和琳妮谈了她对苏珊娜感情造成的伤害。我请她向苏珊娜道歉，她走过去拍着苏珊娜的胳膊说："对不起。"我向她们展示了一个人弹奏高音区、一个人弹奏低音区的方法。她们一起弹奏了几分钟。

安德烈（Andre）（4岁）

安德烈入园时正赶上松饼刚出炉。"闻起来好香。"他说，"我闻到了蓝莓的味道！好香，好香。"他在餐桌旁坐下，拿起一块热乎乎的松饼放在鼻子下面闻。"它像太阳一样温暖。"他说。

萝丝（Rose）（4岁5个月）

　　萝丝想玩橡皮泥，于是跟着我来到玩具柜拿材料。她拿了一大块橡皮泥，将其放到桌子上。桌子上放满了其他孩子的拼图和玩具。当我也拿着饼干模具和擀面杖走过来的时候，她告诉我："这里没地方了。""你能不能问问其他小朋友，可不可以给我腾一些地方？"我说。她说："嘿，伙计，她可以在这里玩橡皮泥吗？"其他孩子把玩具挪了一下，腾出了地方。当萝丝开始玩橡皮泥的时候，其他孩子纷纷把自己的玩具和拼图收了起来，和她一起玩橡皮泥。萝丝用擀面杖将橡皮泥擀成片，然后把它们切成不同的形状。

幼儿观察记录所涉及的儿童早期学习标准相关领域

　　在上述观察记录中，我们看到了儿童的发展领域。对于幼儿而言，我们参考的是美国新墨西哥州儿童早期学习标准。我们鼓励教师使用自己所在地区的儿童早期学习标准或所在机构的儿童发展评价工具。

莉迪亚（3岁2个月）

　　口头语言；倾听技能；遵从指令；精细动作；书写

托马斯（4岁4个月）

　　口头语言；合作游戏；精细动作；分类；责任感

恩珠（4岁8个月）

　　任务意识；创造性；精细动作；阅读兴趣；问题解决；请求成

人的帮助；口头语言

珍妮（3岁1个月）

有目的地游戏；口头语言；精细动作；模仿

斯潘塞（4岁6个月）

口头语言；合作游戏；问题解决；创造性；专注力；科学实验

科尔（5岁2个月）

角色扮演；主动性；口头语言；精细动作；数学表征；合作游戏；专注力

彼得（3岁3个月）

观察科学现象；倾听技能；遵从指令；问题解决

马瑞奥（4岁11个月）

问题解决；创造性；口头语言；模式建构；主动性

克里（3岁）

独自游戏；沟通与交流；倾听；精细动作；书写

乔艾尔（4岁3个月）

同伴关系；联合游戏；口头语言；角色扮演；分类；一一对应

琳妮（3岁2个月）

口头语言；冲突解决；同情心；合作游戏

安德烈（4 岁）

  口头语言；科学探究；比较

萝丝（4 岁 5 个月）

  主动性；请求成人的帮助；口头语言；问题解决；精细动作；合作游戏

附录 2
各种表格

应该避免使用和应该使用的词汇和短语

应该避免使用的词汇和短语	应该使用的词汇和短语
这个孩子爱……	他经常选择……
这个孩子喜欢……	我看到他……
这个孩子喜爱……	我听到他说……
他在……上花很长时间	他花了5分钟做……
似乎……	他说……
看上去显得……	他几乎每天……
我认为……	他每月有一两次……
我觉得……	他每次……
我想……	他持续性地……
他做……非常好	我们观察到一种关于……的模式
他不善于……	—
他对……是有困难的	—

事实—解释观察记录表

日期：_____	姓名：_____
事实	解释

领域观察记录表

姓名：_____

语言	社会性—情感
身体动作（粗大动作和精细动作）	创造性
认知（数学、问题解决）	早期读写（阅读和书写）

观察记录表

姓名：_____	

快速检核记录表

姓名	日期和活动	日期和活动	日期和活动	日期和活动

简记记录表

姓名	日期和活动

小组活动记录表

日期：_____ 活动：_____

目标：_____

姓名：	姓名：	姓名：
姓名：	姓名：	姓名：
姓名：	姓名：	姓名：
姓名：	姓名：	姓名：

信息收集记录表

教师：_____　　收集周期：_____

姓名	领域	领域	领域	领域	领域	领域	领域
	收集日期	收集日期	收集日期	收集日期	收集日期	收集日期	收集日期

评价档案信息收集表

姓名：_____ 日期：_____ 观察者：_____

领域：_____

相关学习目标：_____

本次观察情境涉及的儿童行为表现

☐ 儿童发起的活动　　☐ 独立完成　　　　　　☐ 花费时间（1~5 分钟）
☐ 教师发起的活动　　☐ 在成人的指导下完成　☐ 花费时间（5~15 分钟）
☐ 对儿童来说是新任务　☐ 在同伴的帮助下完成　☐ 花费时间（超过 15 分钟）
☐ 对儿童来说是熟悉的任务

逸事记录（描述儿童的言行，必要时附上照片或作品）：
_____
_____
_____

家长—教师总结报告

姓名：_____　　日期：_____
教师：_____　　机构名称：_____

领域：	
儿童发展和成就	
后续教育策略	

领域：	
儿童发展和成就	
后续教育策略	

领域：	
儿童发展和成就	
后续教育策略	

续表

领域：	
儿童发展和成就	
后续教育策略	

领域：	
儿童发展和成就	
后续教育策略	

领域：	
儿童发展和成就	
后续教育策略	

领域：	
儿童发展和成就	
后续教育策略	

幼儿选择性记录表
（可用于记录幼儿个体或群体的行为）

日期：_____   姓名：_____

艺术区	积木区	表演区

美工区	科学／数学区	音乐／运动区

图书区	感官区	读写区

学步儿选择性记录表
（可用于记录学步儿个体或群体行为）

日期：_____　　姓名：_____

绘画区	积木区	表演区
美工区	爬行区	攀登架
图书区	感官区	摇摇椅

附录 3

关于评价的参考资源

全美基础教育首席官员理事会2011年颁布了《推进幼儿园准备性评价：一份关于幼儿教育评价和儿童标准的政府合作报告》（Moving Forward with Kindergarten Readiness Assessment Efforts: A Position Paper of the Early Childhood Education State Collaborative on Assessment and Student Standards）。

全美幼教协会和全美教育部门幼儿教育专家协会（NAECS/SDE）2003年颁布了《幼儿教育课程、评估和机构评价：建设面向0—8岁儿童的有效、可信的教育系统》（Early Childhood Curriculum, Assessment, and Program Evaluation: Building an Effective, Accountable System in Programs for Children Birth through Age 8）。该文件列出了儿童早期评价的有效指标。

全美幼教协会

全美幼教协会是美国最大的儿童早期教育专业组织，一直致力于提倡对儿童进行发展适宜性评价。在其出版的相关图书《学前教育中的发展适宜性实践》中，作者描述了有效评价的具体特征。

斯诺（Snow）和凯尔·P.（Kyle P.）在2011年出版了《研发幼儿园准备性评价及其他评价体系：关于幼儿评价的思考》（*Developing Kindergarten Readiness and Other Large Scale Assessment System: Necessary Considerations in the Assessment of Young Children*）。

为了正确的目的而使用正确的评价

全美基础教育首席官员理事会下属的早期教育政府评价合作委员会设计了下面的表格，提出不同类型的评价应服务于不同的评价目的。当教师被要求对儿童的学习负责时，这一信息能为其提供有益帮助。请注意，观察式评价是一种标准参照的形成性评价。它不适合于其他的评价目的或测量类型。要想成为一名教师，重要的事情是清楚地了解自己为什么要做观察记录、目的是什么、如何通过观察记录获得儿童发展信息。

附表-1 具有适宜性的幼儿园教育评价目的、测量类型和目标

评价目的	测量类型	目标
识别儿童群体的发展状况或健康需要	选拔性评价	• 收集大量的儿童发展信息 • 确认需要进行哪些额外的诊断性评价
识别儿童在专业化服务或早期干预方面的需要	诊断性评价	• 确定发展需要或医疗需求 • 确定早期干预的具体需求 • 确定为儿童提供服务的资格与标准
追踪不同机构、不同幼儿园、不同学区和不同州的儿童发展变化，进行比较和社会基准测试	常模参照评价	• 提供关于某名儿童与其他儿童相比较的某一时间点的发展简况 • 以发展常模为参照，比较来自不同机构、不同幼儿园、不同社区的儿童发展状况 • 将儿童发展水平与某一群体的发展常模或同一年龄段其他儿童的发展水平进行比较

续表

评价目的	测量类型	目标
分析儿童是否达到了特定的学业标准或明确的绩效水平	标准参照评价	• 提供关于某名儿童与明确或特定学业标准相比较的某一时间点的发展简况 • 依据特定的学业标准追踪儿童在某段时间内的发展变化
对针对机构、班级或儿童发展水平的教学活动进行指导	形成性评价	• 记录儿童的个体学习状况，探查儿童的理解力和各项能力的发展状况 • 识别儿童的发展强项和弱项 • 监测儿童的学习进度
机构评估	总结性评价 常模参照评价 标准参照评价 描述性评价	• 收集儿童样本信息 • 确定和解释某一机构或某项服务对儿童学习和发展产生的影响 • 解决与机构投资相关的问题 • 获取关于儿童、家庭、教师、机构以及其他学习环境变量的结构性要素和过程性要素

附录4

评价专用术语

以下评价专用术语来自全美幼教协会和全美教育部门幼儿教育专家协会。提供这些评价术语的目的是希望教师能够参考上述协会提出的各种建议,全面掌握为了评价而开展的观察记录工作。

★评价(assessment):获取儿童学习与发展信息的过程,以便对他们的发展特点做出判断,做出适宜保教特点的课程决策。

儿童发展(child development):儿童在社会性、情感、身体和认知方面的变化,是生理成熟和经验相互作用的结果。

标准或成就导向的评价(criterion or performance-oriented assessment):将个体的成就表现或成绩与某个概念标准或特定的内容、技能进行对照,对其成就、表现做出解释。

发展适宜性(developmentally appropriate):教师为了儿童的幸福和教育做出的决策基于三方面的重要信息:了解儿童发展和学习的知识;了解儿童的发展强项、兴趣和发展需要;了解儿童生存的社会和文化背景。

★记录(documentation):保存儿童的作品,将其作为儿童发展的证据。

★早期学习标准(early learning standards):关于儿童早期学习和发展期望的政策文本。

★常模参照评价（norm-referenced）：一种标准化的测验工具。个体的表现主要依据之前做过同一测验的同伴群体（即常模群体）的表现水平来判断。

观察式评价（observational assessment）：一种基于教师在日常生活中的、真实情境下的对儿童表现进行系统记录和分析的评价方式。

信度（reliability）：评价工具的一致性，对于概括儿童的学习和发展状况至关重要。

★选拔性评价（screening）：采用简易程序或工具，从一大群儿童中识别出可能需要进一步评价的儿童，以确认其是否存在发展和健康风险。

标准化评价（standardized）：一种包含清晰的操作规范、评分方法和标准化数据的评价方法。

效度（validity）：测量或评价工具在多大程度上能够准确反映出所要测量的事物的特征。

注：带★的术语源于全美基础教育首席官员理事会整理的《我们使用的词汇：早期教育标准和评价术语表》（The Words We Use：A Glossary of Terms for Early Childhood Education Standards and Assessment）。

参考文献

Berk, Laura E., and Adam Winsler. 1995. *Scaffolding Children's Learning: Vygotsky and Early Childhood Education*. Washington, DC: National Association for the Education of Young Children.

Berke, Kai-lee, Toni Bickart, and Cate Herman. 2010. Teaching Strategies GOLD: Birth through Kindergarten Assessment. Bethesda, MD: Teaching Strategies.

Bredekamp, Sue, and Carol Copple, eds. 1997. *Developmentally Appropriate Practice in Early Childhood Programs*. Rev. ed. Washington, DC: National Association for the Education of Young Children.

Bricker, Diane. 1997. *Assessment, Evaluation, and Programming System (AEPS) for Infants and Children*. Baltimore, MD: Brookes Publishing.

Carlsson-Paige, Nancy, and Diane Levin. 1987. *The War Play Dilemma: Balancing Needs and Values in the Early Childhood Classroom*. New York: Teachers College Press.

Copple, Carol, and Sue Bredekamp, eds. 2009. *Developmentally Appropriate Practice in Early Childhood Programs Serving Children from Birth through Age 8*. 3rd ed. Washington, DC: National Association for the Education of Young Children.

Council of Chief State School Officers (CCSSO). 2011. "Moving Forward with Kindergarten Readiness Assessment Efforts: A Position Paper of the Early Childhood Education State Collaborative on Assessment and Student Standards." www.ccsso.org/Documents/CCSSO_K-Assessment_Final_7-12-11.pdf.

Council of Chief State School Officers Early Childhood Education Assessment Panel. 2003. "The Words We Use: A Glossary of Terms for Early Childhood Education Standards and Assessment." www.ccsso.org.

Curtis, Deb, and Margie Carter. 2011. *Reflecting Children's Lives: A Handbook for Planning Your Child-Centered Curriculum*. 2nd ed. St. Paul, MN: Redleaf Press.

Derman-Sparks, Louise, and Julie Olsen Edwards. 2010. *Anti-bias Education for Young Children and Ourselves*. Washington, DC: National Association for the Education of Young Children.

Dichtelmiller, Margo L., Judy R. Jablon, Dorothea B. Marsden, and Samuel J. Meisels. 2004. *The Work Sampling System Developmental Guidelines*. 4th ed. Minneapolis, MN: Pearson.

Erikson, Erik. 1963. *Childhood and Society*. 2nd ed. New York: Norton.

Ginsburg, Kenneth R. 2007. "The Importance of Play in Promoting Healthy Child Development and Maintaining Strong Parent Child Bonds." *Pediatrics* 119 (1): 182–191.

Gonzalez-Mena, Janet. 1993. *Multicultural Issues in Child Care*. Mountain View, CA: Mayfield.

Gronlund, Gaye. 1992. "Coping with Ninja Turtle Play in My Kindergarten Classroom." *Young Children* (48) 1: 21–25.

———. 2006. *Make Early Learning Standards Come Alive: Connecting Your Practice and Curriculum to State Guidelines*. St. Paul, MN: Redleaf Press.

———. 2010. *Developmentally Appropriate Play: Guiding Young Children to a Higher Level*. St. Paul, MN: Redleaf Press.

———. 2012. *Planning for Play, Observation, and Learning in Preschool and Kindergarten*. St. Paul, MN: Redleaf Press.

Gronlund, Gaye, and Bev Engel. 2001. *Focused Portfolios: A Complete Assessment for the Young Child*. St. Paul, MN: Redleaf Press.

Gronlund, Gaye, and Marlyn James. 2008. *Early Learning Standards and Staff Development: Best Practices in the Face of Change*. St. Paul, MN: Redleaf Press.

High/Scope. 2003. *The High/Scope Child Observation Record*. Ypsilanti, MI: High/Scope.

Isenberg, Joan Packer, and Nancy Quisenberry. 2002. *Essential for All Children: A Position Paper of the Association for Childhood Education International*. www.acei.org/playpaper.htm.

Klein, Tovah P., Daniele Wirth, and Keri Linas. 2003. "Play: Children's Context for Development." *Young Children* 58 (3): 38–45. Washington, DC: NAEYC.

Loomis, Catherine, and Jane Wagner. 2005. "A Different Look at Challenging Behavior." *Young Children* 60 (2): 94–99.

Marzano, Robert J., and John S. Kendall. 1996. *A Comprehensive Guide to Designing Standards-Based Districts, Schools, and Classrooms*. Alexandria, VA: Association for Supervision and Curriculum Development.

Meisels, Samuel J., et. al. 2003. *The Ounce Scale*. Upper Saddle River, NJ: Pearson Education.

Montana Department of Public Health and Human Services/Early Childhood Services Bureau and the Montana Early Childhood Project. 2004. "Montana's Early Learning Guidelines: What Children Ages 3–5 Need to Know, Understand, and Be Able to Do." www.dphhs.mt.gov/hcsd/childcare/EarlyLearningGuidelines.shtml.

NAEYC (National Association for the Education of Young Children). 2009. *Developmentally Appropriate Practice in Early Childhood Programs Serving*

Children from Birth through Age 8. A position statement. Washington, DC: NAEYC.

NAEYC and NAECS/SDE (National Association for the Education of Young Children and the National Association of Early Childhood Specialists in State Departments of Education). 2003. "Early Childhood Curriculum, Assessment, and Program Evaluation: Building an Effective, Accountable System in Programs for Children Birth through Age 8." www.naeyc.org/files/naeyc/file/positions/CAPEexpand.pdf.

New Mexico Kids. 2012. "New Mexico Early Learning Guidelines: Birth through Kindergarten." www.newmexicokids.org/content/caregivers_and_educators/resources/docs/Early_Learning_Guide lines_Birth_thru_Kindergarten.pdf.

Paley, Vivian Gussin. 1984. *Boys and Girls: Superheroes in the Doll Corner*. Chicago: University of Chicago Press.

Riley-Ayers, Shannon, Judi Stevenson-Garcia, Ellen Frede, and Kimberly Brenneman. 2011. *The Early Learning Scale Guidebook*. Carson, CA: Lakeshore Learning.

Snow, Kyle P. 2011. *Developing Kindergarten Readiness and Other Large-Scale Assessment Systems: Necessary Considerations in the Assessment of Young Children*. Washington, DC: National Association for the Education of Young Children. www.naeyc.org/files/naeyc/file/research/Assessment_Systems.pdf.

Wenner, Melinda. 2009. "The Serious Need for Play." *Scientific American Mind*, February.

Wiggins, Grant P. 1993. "Assessment, Authenticity, Context, and Validity." *Phi Delta Kappan* 75 (3): 200.

出版人　李　东
责任编辑　赵建明
版式设计　沈晓萌
责任校对　贾静芳
责任印制　叶小峰

图书在版编目（CIP）数据

聚焦式观察：儿童观察、评价与课程设计 /（美）盖伊·格朗兰德（Gaye Gronlund），（美）玛琳·詹姆斯（Marlyn James）著；梁慧娟译. —北京：教育科学出版社，2017.6（2023.11重印）
书名原文：Focused Observations：How to Observe Young Children for Assessment and Curriculum Planning，Second Edition
ISBN 978-7-5191-1066-6

Ⅰ. ①聚…　Ⅱ. ①盖…②玛…③梁…　Ⅲ. ①幼教人员—师资培养　Ⅳ. ①G615

中国版本图书馆CIP数据核字（2017）第139660号
北京市版权局著作权合同登记　图字：01-2014-0565号

聚焦式观察：儿童观察、评价与课程设计
JUJIAOSHI GUANCHA：ERTONG GUANCHA、PINGJIA YU KECHENG SHEJI

出版发行	教育科学出版社			
社　　址	北京·朝阳区安慧北里安园甲9号	市场部电话	010-64989009
邮　　编	100101	编辑部电话	010-64989365
传　　真	010-64891796	网　　址	http://www.esph.com.cn
经　　销	各地新华书店		
制　　作	北京博祥图文设计中心		
印　　刷	保定市中画美凯印刷有限公司		
开　　本	720毫米×1020毫米　1/16	版　　次	2017年6月第1版
印　　张	15	印　　次	2023年11月第13次印刷
字　　数	194千	定　　价	45.00元

如有印装质量问题，请到所购图书销售部门联系调换。

Original English Title:

Focused Observations: How to Observe Young Children for Assessment and Curriculum Planning, Second Edition

by Gaye Gronlund and Marlyn James

Copyright © 2005, 2013 by Gaye Gronlund and Marlyn James

Simplified Chinese translation copyright © 2017

by Educational Science Publishing House

Published by arrangement with Redleaf Press

through Bardon-Chinese Media Agency

博达著作权代理有限公司

ALL RIGHTS RESERVED

This Chinese Simplified edition is translated and published by permission of proprietor. Educational Science Publishing House shall take all necessary steps to secure copyright in the Translated Work in Mainland China it is distributed.

本书中文版由权利人授权教育科学出版社独家翻译出版。未经出版社书面许可，不得以任何方式复制或抄袭本书内容。

版权所有，侵权必究。